天下文化

BELIEVE IN READING

不是所有的花都在春天綻放

「為什麼要學習？為了找到更閃耀的自己。」

延世、高麗大學生票選第一名明星講師，
推薦給學弟妹的第一名導師 ——李多志 이다지 著

모든 꽃이 봄에 피지는 않는다

為世上所有青春
送上無限支持與鼓勵

＊致讀者

我們命中注定都將成為珍貴的寶石

世上有許多閃閃發光的言語，能夠帶給自己正能量、使人心情愉悅，諸如「謝謝」、「我愛你」、「得到想要的結果實在好開心」、「以後也會一帆風順的」、「好幸福」等此類話語。

然而，我從事教學演講多年，從學生口中聽到的話語反而恰巧相反，更多的是「因為看不到未來所以感到不安」、「比我晚開始讀書的朋友，反而考到比我更高等級，好痛苦」、「我覺得自己好沒用」、「每次只要和家人在一起，就會覺得自己跌落谷底」等，如此陰鬱憂傷的內容，還夾帶著對未來的惴惴不安、與他人相比之下的自卑感、不斷油然而生的負面念頭、消磨自我的人際關係煩惱等。

各位的人生現在都圍繞著哪些話語呢？假如是一些閃閃發光的言語，那麼可以不必閱讀此書了，因為你已經找到答案；但如果是恰巧相反，那麼我相信，這本書會成為你行走在漆黑夜路上的一道星光，為你指引方向。假如你覺得自己不論多麼努力，好似只有自己還在原地踏步，不論多麼下定決心，也難以維持長久，不知該何去何從、徬徨無助的話，我相信我的故事勢必會為你帶來幫助。全書收錄了我百分之兩百的真心，只盼各位變好。

其實書中放了許多想要對兒時的自己，以及向我傾訴煩惱的學生們說的話，雖然我現在看似精明，能針對各種問題做出明確解答，但其實我本來真的只是個平凡無奇之人，擅長的事情頂多只有寫作，經濟上並不富裕，所以在成長過程中總是看人臉色。

而我的心願原本也沒多偉大，就只是希望一家人可以同住在一個屋簷下，一週吃一頓自己想吃的，一年兩次（生日和兒童節）可以收到自己想要的禮物等……都是一些微小心願，雖然對於某些人來說這些甚至稱不上是心願，但對我來說可是要透過努力和爭取才有機會獲得。

儘管如此，我仍常暗自心想，我的人生雖然茫然，但將來必定會綻放光芒。既然耀眼的未來已經是肯定的事實，我便開始提前思考，究竟要「如何」使它閃耀？每當我想到這個問題，都不忘一件事：現在可能只是附著一層灰塵，但我依然是一塊珍貴寶石，所以就算現在不發光，仍要活得像命中注定會成為寶石那樣，將來才會成為一顆真正的亮麗寶石。

雖然夢想的生活和現實生活相差甚遠，但是安慰我的是正向思考，比方說，「我反而喜歡自己不是含著金湯匙出生」這種想法。

倘若在一片貧脊的土地上種植葡萄樹，甚至不為它澆水，會怎麼樣呢？令人驚訝的是，竟然會結出專門用來釀製頂級紅酒的頂級葡萄。原來葡萄樹在乾涸環境裡會為了生存而將根扎入地下水位的深度，並在這樣的過程中大量吸收地底下乾淨的水質，以及對地質有益的礦物質和微生物，於是結出世界上最美味的葡萄。

當然，在肥沃土壤上備受呵護長大的葡萄一定也很美味，但是仍然不如歷經種種試煉才結出的果實來得香甜，因此，當我們感到被條件和環境所困住、隨時要倒下時，不妨試著去想「這反而是我的人生養分」，以此轉念。

如果單從時間來看，我其實活得非常沒有效率。曾經在證券公司工作兩年，後來離職，準備了一年的教師任用考試，結果該年首爾地區沒有錄取任何一名歷史老師，所以我以鐘點講師的身分在一所國中任教。後來費盡千辛萬苦，成功當上私立學校正職教師以後，又再度遞出辭呈，開始線上課程講座。

畢竟我也是人，偶爾也動過不如讓人生重來、重新投胎的念頭，想過自己是不是太遲了，為此焦慮不安。然而，為了與和我處境類似的各位分享當時牢牢抓住我的一些念頭、決定人生方向時所做的決心等，決定提筆寫下本書。

各位，一切都還不嫌晚，千萬不要因為身處在不好的環境而選擇放棄，也不要因為繞了好多遠路、卻要重新邁出第一步而感到挫折。我們的人生並不會止於一個點，而是站在長長的時間線上罷了，那條線可能蜿蜒曲折，也可能像蚊香一樣繞好多圈，就算不是一條筆直的線，只要跟著走，總有一天一定能抵達各位想去的地方。

因此，各位啊，別再著眼於失敗、失誤的過往，遠眺未來的自己，重新寫下屬於自己的全新歷史吧，我們的命運都是注定要成為閃耀的寶石。

目錄

2

只要能找到自己喜歡的工作

／尋找黃金種子的方法

3*

將讀書設定為「我的命運」瞬間

／創造後天的成功ＤＮＡ

4

當你看不到答案，感覺人生跌落谷底時

／不被負面的自己打敗

5

「不要就這樣算了」／世上最困難的就是人際關係

6 我守護自我的方法

／自性客體與後設認知

不要因為此時此刻沒有開花而感到挫折，

也不要拿自己與朋友來做比較，

現在就只是還不屬於你的花開時節而已。

1

不是所有的花
都在春天綻放

｜致世上所有起步較晚的人｜

不是每一朵花
都在春天綻放

說到「花」，各位會想到什麼季節呢？大部分人一定會想到春天，但並非每一朵花都在春天綻放，像向日葵就是在炙熱豔陽下露出燦爛笑容，波斯菊是在微涼的秋天盛開，山茶花則是在凜冽寒冬中展現紅通通的微笑。

和烏龜一樣緩慢的國家——新羅的故事

我們的人生亦是如此，很可能會因為「其他人都已經花開，我的人生怎麼還是如此」的念頭而倍感焦慮，但其實沒有人知道何時會發現人生潛力。在我們的人生中、歷史裡，「我的季節」也必定會到來。三國時代中，發展最緩慢的國家正是新羅，所以其他國家根本沒把它當一回事，甚至連聽也沒聽過、見也沒見過。

當高句麗和百濟針對韓半島黃金地段——漢江流域——爭得你死我活時，新羅是連加入戰局的機會都沒有，畢竟發展速度實在太緩慢。當高句麗和百濟的國王將權力集中於中央、忙於擴張領土時，新羅是連「國王」都沒有，全靠牙齒顆數較多的人輪流統治國家。由於是較為落後的國家，所以其他國家根本不把新羅視為勁敵；然而，就算新羅發展速度緩慢，仍持續不斷發展，最後甚至統一了三國。任何人都沒料想到烏龜新羅竟然會獲勝，是不是很刺激呢？

每次我只要一提起新羅的故事，就會有人說，那屬於特殊情況，是特例中的特例，所以才會在歷史上留下一頁。我可以理解，因為各位長期經歷的「挫折」會對各位說：「你真心相信那些話嗎？」各位已經跌倒過無數次，早已身心俱疲，畢竟我們的人生一直都是「比較」與「競爭」的連續。

假如想要砍掉重練，就去做吧

聽聞比自己晚開始準備考試的朋友，反而先收到錄取通知的消息時，你的感受如何？是不是覺得好像只有自己落後於人，只有自己在原地踏步、徘徊掙扎？

當你正在被消磨自己的戀愛搞得苦不堪言、拚命掙扎時，聽聞朋友和很不錯的對象步入婚姻，心情又是如何呢？一定發自內心地羨慕吧。其實這種大消息還滿容易使我們感到心痛的。

不過像這樣的比較與競爭只需狠狠痛一次即可，所以倒無所謂，但是當細微的比較每天累積，就會變成致命傷。待在擁有秀麗外表的朋友身旁，內心會莫名地不適，這就像經常和含著金湯匙長大的朋友往來，會發現自己老是像洩了氣的氣球一樣不斷縮小，是一樣的道理。

我們甚至對於努力的程度也會感到自卑，「那位朋友這麼認真，為什麼我就是無法像他一樣？」「我還有比他更優秀的地方嗎？」

明明沒有比我認真苦讀，成績卻比我優秀，看著這樣的朋友，也會不自覺地感到挫折無比，因為不論多麼奮力拚搏，也比不過天賦異稟的基因。

負面想法就像彈性強的彈簧，愈是用力往下壓，就會彈得愈高，占據整個腦海。像這樣沉浸在負面想法裡一段時間後，就會得出「啊，除了砍掉重練以外實在無解」的結論，包括我自己曾經也是如此。

不過啊，在與他人比較時，只和那些在比自己條件優渥環境下長大的人做比較，會不會有點不公平呢？應該要公平地也去看看那些比自己情況更為艱辛的朋友，或者比自己情況好一點的朋友，才能相對客觀地看見自己現在身處的位置吧？那應該比重新投胎來得更為容易，各位覺得呢？周遭沒有這種對象嗎？那我可以介紹一位給各為認識，就是我本人李多志。

「我決定要靠讀書出人頭地」

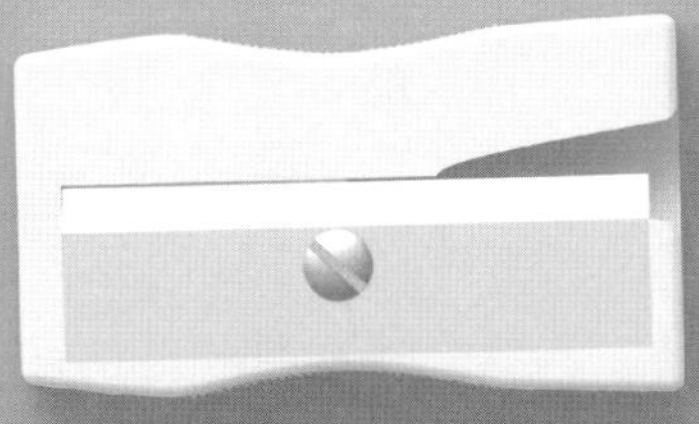

在我十歲的時候，某天放學，我提著鞋袋興奮地邊甩邊走回家，沒想到一進門，就發現家中氣氛有些不尋常：明明到早上都還是我熟悉居住的家，結果只是過了中午，竟成了全然陌生的地方。

我環顧屋內，冰箱、電視、電腦，到處都貼著黃色便箋，由於當時還是懵懂無知的年紀，那付光景看在我眼裡簡直就像繁花盛開似的。事後我才知道，原來那是世界上最可怕的小黃花，要是無力償還債務，就會將那些財產統統扣押，也就是帶有警告意味的標籤。當時家裡發生了一些不好的事情，導致父母身上背負了巨額債務。

黃花朵朵開

債務不僅剝奪了我們家一週一次的炸醬麵外食，甚至還帶走了我們家的笑聲。深夜，父母對著彼此說出了許多傷透人心的話語，姊姊和我則必須躲在房間裡屏住呼吸不敢出聲，而每次碰上這種情形，我都會躲在棉被裡暗自祈禱：「我會乖乖聽話的，拜託爸媽不要離婚。」當時我不曉得爸媽是在為債務問題爭吵，還以為是因為我不讀書或者經常和姊姊吵架，才害他們起口角。

貧窮就像空氣，在不知不覺間滲入人生，使我一夕長大，變得成熟懂事。補習、家教、幫忙準備學用品的父母、全家團聚共進的晚餐等……這些對於其他同學理所當然的日常，對我來說卻不是那樣，而是非常困難的事情，因為心愛的父母自從黃花事件之後，生活變得更加艱苦。

父母在異地工作，而我則必須和奶奶、哥哥、姊姊生活在一間租來的半地下室小屋，一個月僅能見到父母兩次。由於那兩次的見面實在太珍貴，所以我當時設定的將來志願是：全家人可以生活在一起。

一開始，我還思考過全家人可以同住的方法，方法只有一個：趕快長大成人，然後出人頭地。於是我客觀思考，「我該做什麼才能成功？」「成功的人是怎樣的人？」不斷向自己拋出這些提問。年幼的我能想到的成功者，只有進入天文學領域賺大錢，或者當運動選手、全國民眾喜愛的歌手、演員等，但我發現要變成那樣實在不切實際，因為我不具備關鍵才能。

當時，我做了「選擇」。

決定要藉由讀書出人頭地。

也就是在那時，我選擇了「如何」成功，而非「何時」成功。傑出的運動神經或藝術氣息不能靠努力養成，但讀書是會依照你多努力就得到多少結果，所以「付出多少就能得到多少」這句話對我來說就像一股魔力，至少還能嘗試，而那些努力日積月累堆疊，我相信就能創造出自己想要的未來。既然決定要透過讀書出人頭地，那麼，剩下的事情只有實踐。

按照「monami」描寫的那天

雖然信誓旦旦說要藉由讀書出人頭地，但是在為這項決定負責的過程中，可沒有一件事情是容易的。其他同學都有去補習班打好穩固基礎，而我只有上學校的課程，於是這之間的差距以迅速、鮮明的方式呈現。

國中時期，第一堂英文課上，英文老師對我們說：

「該不會還有人不認得英文字母吧？」

其實我當時是不認得英文字母的，但是要在全班沒有人舉手的氣氛下獨自舉手，說自己還不會英文字母實在太困難。

於是接下來，老師就對大家說：「每個人都有筆記本吧？寫寫看 monami 這個單字。」我開始感到焦慮不安，彷彿被老師看穿，就在那時，我手上握著的原子筆正好映入眼簾，沒錯，就是 monami 原子筆，於是我照著原子筆正中間印有的「monami」拼字依樣畫葫蘆。

我對於當時的心情記憶猶新，至今都還會把這段故事講給學生們聽，因為當時真的非常納悶，若要打個比方，就好比其他同學都已經在爬樓梯，而我卻獨自一人在學習何謂階梯一樣。

由於老師是以已經有提前學習的學生程度作為標準，安排課程進度，我連要跟上大家的腳步都很吃力，再加上我只有上學校的課程，所以非常把握上課的時光，認真專注到腦袋打結的程度，甚至需要減少一些複習時間。

我當時擬定的策略是，上課時間就要熟記百分之八十的內容。我把練習本放在教科書旁，一邊抄寫老師上課講的內容，一邊當場默背。結果這樣做的確有提升成績，終於開始體現我所期待的「付出多少就能得到多少的魔法」。只不過，成績進步的速度十分緩慢，我付出的努力有如一部電視劇，非常戲劇化，成績卻像一部枯燥且節奏緩慢的紀錄片，只有緩緩上升。當時，我經常對自己說一句話：

「我是很有持久力的人。」

儘管起步比較晚，持久力卻很好，所以跑到最後的人絕對是我，類似一種暗自下定的決心。

棒球選手當中，季賽初期成績不佳，但是隨著比賽一場一場打下去，反而發揮堅持到底的決心，我們稱這樣的選手為「起步慢的人」（slow starter）。當時我就是自認起步慢的人，秉持著「雖然我現在是看著朋友們的背影在奔跑，但是我與他們之間的差距已逐漸縮短，奔跑期間流在背上的汗水也會使我成長，並不會消失不見」這樣的信念不停向前衝刺。

自動鉛筆
牢牢黏在手上的刺激感

我李多志——起步慢的人馬拉松就此繼續，然而，即便那麼努力，仍有一件事情是毫無起色、原地踏步的，那是非常講求基礎的科目。各位有猜到是什麼嗎？數學，那該死的數學。我的數學很差，明明都說讀書是不會背叛你所付出的努力，數學卻總是背叛我。

努力也會背叛我嗎？

但我還是執著到最後，嘗試努力與數學和睦共處，甚至聽聞若想要搞定某個科目，只要喜歡該科目的指導老師即可，所以我也努力硬著頭皮試著去喜歡數學老師。

假使一天讀書十二小時，我就有八小時都在埋首鑽研數學，結果成績依舊最糟，至今還記得國中時期的一場期中考，考試最後一天要考的科目有技術家政科和數學這兩科，我當然只有瘋狂複習數學，結果最終得到的成績是技術家政科一百分、數學四十分。那天放學回家的路上，我不停在哭。

「我明明花了比其他科目好幾倍的力氣複習數學……」

「搞砸了數學，平均分數就會被拉低很多……」

我的內心苦澀至極。

「下次再考好就好。」我也嘗試這樣安慰自己，但是不請自來的尖刻念頭突然把臉湊了過來，對著我說：「真的嗎？你總是努力卻還是沒有得到好成績啊！下次難道就會考好？」

就讀高中時也是。我讀書時，數理領域是八十分滿分，聯考前我拿到的最高分是六十分上下，模擬考落在三級；但是一位數學課堂上每次都在睡覺的同學，他透過提前學習早已學完所有高中課程，所以覺得學校課程很無聊，然而每次模擬考卻永遠可以落在一級。正因為老是經歷這種事情，所以不免讓我產生「難道數學真的是不能沒有數學腦的科目嗎？」的想法。

當時我實在承受太多壓力，所以精神上也有些崩潰，模擬考試前一天，光想到要考數學就會心跳加速，難以承受的不安感排山倒海而來，感覺就快把我吞噬。可是終究還是得讀書，所以我當時是一邊哭一邊解題的。

就在挫折反覆不斷的過程中，在一場由已經考上大學的學長姐回母校、與學弟妹分享經驗的座談會上，我遇見了一名學姊。我向這位考上梨花女子大學的學姊傾訴了自己的煩惱，諮詢她的意見，告訴她不論我多麼努力苦讀，數學成績依舊難以提升，如果都已經到這種地步，是不是應該果斷當個「數棄者」（數學放棄者），專心轉戰其他科目？學姊聽聞我的苦衷以後，提供了以下建議。

「我本來也是這樣！但是只要堅持下去不要放棄，你會在某個瞬間發現，自動鉛筆已經牢牢黏在自己手上！」

自動鉛筆牢牢黏在手上？當時我其實聽不懂這句話的意思，究竟自動鉛筆要如何黏在手上？但不管怎樣，學姊的意思就是叫我不要放棄，所以我將這句話牢記在心，像一頭愚昧固執的牛一樣埋首苦讀。

結果在聯考當天，我終於體會到學姊說的那句「自動鉛筆牢牢黏在手上」是什麼意思了。難道是手上塗了膠水？沒有。是因為從第一題到最後一題都能暢行無阻地解出來，所以感覺彷彿自動鉛筆真的黏在手上一樣，充滿彈性，揮灑自如。

聯考前從未考過三級以上的我，竟然在正式聯考時第一次考到一級，總共只錯了一題。如今回想起來還是心有餘悸，假如聯考前我選擇放棄數學的話呢？那我應該就體驗不到超越「自身極限」的那種超然喜悅了。

因此，請不要因為此時此刻未能開花而感到挫折，也請不要拿自己與朋友做比較，現在就只是不屬於自己的季節而已，堅持下去總會迎來自己的花開時節。畢竟新羅透過歷史證明了這句話，而我的數學分數也是。

致世上所有起步慢的人

假如有和我一樣起步比較慢的人，請務必記住這一點就好：我們每個人都是寫下自身歷史的「歷史性主體」（historian）。雖然說到歷史，通常都會先想起輝煌王朝或世界性的重大事件，但其實並不然，每個單獨個體也都是成就自身歷史的存在。

英國的歷史學家愛德華・卡爾（Edward Hallett Carr）在《何謂歷史？》

（*What is history?*）著作中提及，「歷史是現在和過去之間永無終止的對話」，換言之，我們是藉由過去和現在的自己不斷對話，創造出屬於自己的歷史。我們要透過過去的自己不停回首檢視，才有辦法讓現在的自己立足。

因此，千萬不要想著「都做到這種地步了竟然還不行，我應該是本來就成不了氣候的人」，因為歷史並非由單一個別事件所留下的「點」，而是由時間串聯而成的「線」。

過去的我可能會失敗或犯下失誤，但是尚未預見的未來自我可能是不一樣的，我稱此為「線的感覺」。

▶ 線的感覺：為了知道自己會不會達成，還有一段時間留待查看。

我認為線的感覺是最為重要的。

不是光憑一次失敗就留下一個點，然後就此結束；
而是要認知自己只是站在「我的歷史」時間線上而已。

像這樣不忘線的感覺持續向前奔跑，各位必定也能經歷超越自身極限的那份刺激與快感。

我讀書的真正理由

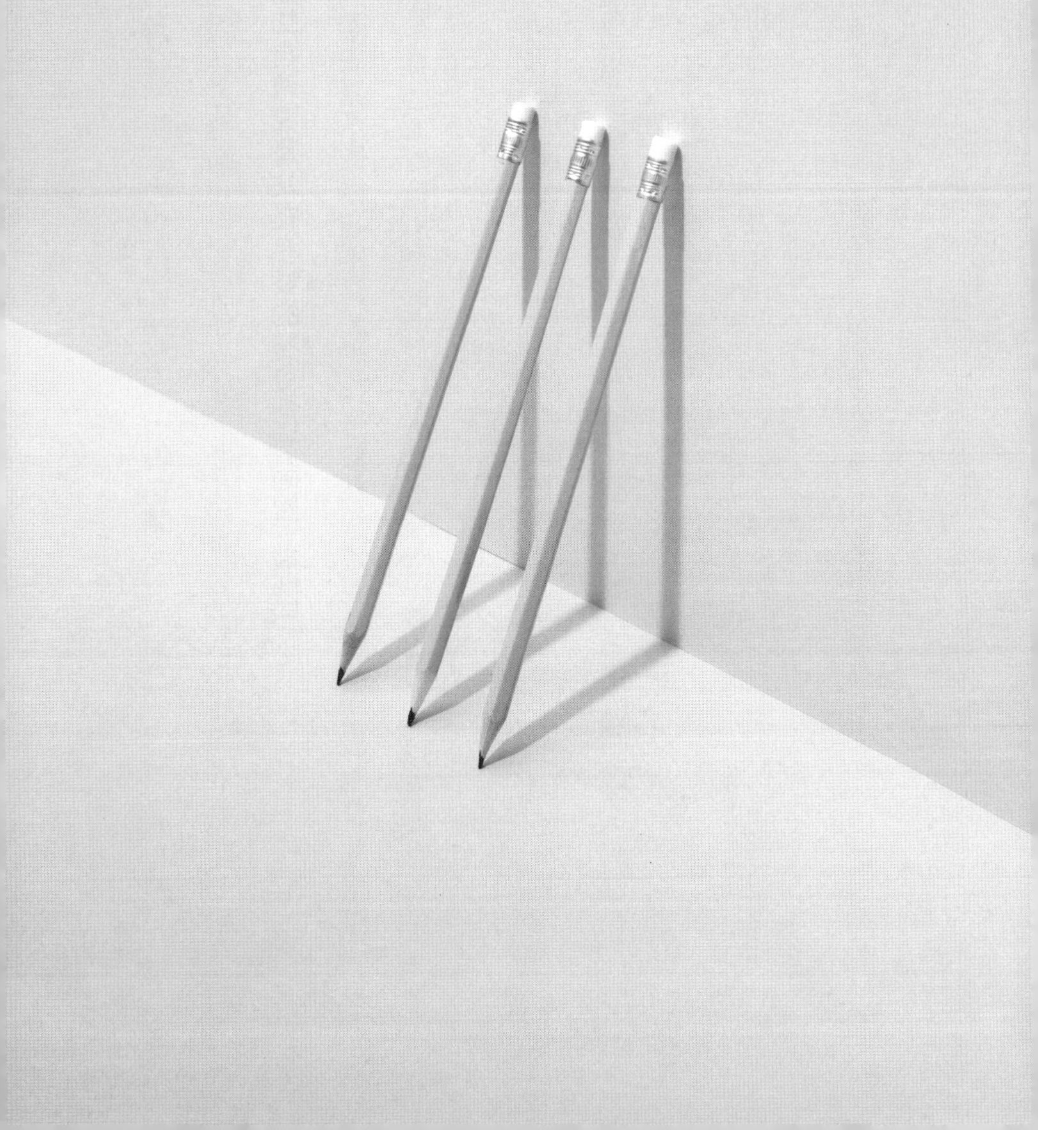

安慰自己為時不晚，告訴自己「是啊，現在開始也不遲」是很好的心態，但是假如沒有認真思考過究竟為何要改變，也就是關於改變的理由，那就一點用也沒有，因為能夠帶來改變的堅韌「力量」，正是來自於此。

假設突然辭去原本做得還不錯的工作，毅然決定要重新讀書好了，為了讀書而在YouTube平台上搜尋「忠言逆耳」、「賦予動機」等關鍵字影片來看，可是不論怎麼看，效果是不是仍僅限於觀看影片當下而已？因為被不認識自己的人用嚴苛的當頭棒喝或溫暖的加油打氣所激發出來的讀書意欲，其實是非常容易澆熄的，還伴隨著滋滋聲響。最後就會像什麼事情都沒發生過一樣，沉浸在智慧型手機裡，在網路資訊的茫茫大海中漫游。

如今，是時候該熾熱地給出明確答案了，問自己究竟為何改變，並且為此作答。

以為自己是在為他人努力的天大誤會

「老師，學測[1]沒考好，實在很對不起您。」

一年一度聯考結束，就一定會聽到學生對我說這句話。而且還不是一、兩位，是全國無數名學生透過社群平台或電子郵件等，傳送這樣的訊息給我。訊息裡充滿著難過之情，畢竟老師認真教了一年，自己卻沒能產出好結果，所以感到羞愧；想要成為讓老師驕傲的學生，卻沒能達成，於是傷心不已。

然而，何必對我感到抱歉呢？不論成績好與壞，跟著我一同認真學習的寶貴學生，這點「固有價值」仍然保持不變啊，為什麼要根據結果來評價或剝奪自己的價值？

1 韓國稱為「大學修學能力試驗」，簡稱修能，又稱韓國學測或韓國聯考，是韓國的全國性學業水準測試，對當地學生的大學入學至為關鍵。（本書全為譯註）在此僅以台灣接近的「學測」代稱。（編註）

不過其實我可以理解這種心情，因為我自己也有為了成為「讓父母倍感驕傲的女兒」而賣力奔跑的時期，父母的幸福微笑是我當時讀書的原動力，每每得到好成績或領獎狀時，父母就會面露笑容，我很喜歡看見他們那樣的表情；每次作文比賽得名領到獎狀時也是，母親都會把獎狀拿去護貝，幫我張貼在家中牆壁上，每當牆上又新增一張獎狀時，我就會覺得自己彷彿變成更棒的人而心跳加速。

所以我們總是很容易、經常誤會，以為自己讀書的理由是為了符合某人的期待，或者為了向其他人證明自己是多麼厲害的人而讀書。但其實如果是基於這種理由，反而會在某天迎來突然非常不想讀書的瞬間。

然後也會把父母說的「不去讀書嗎？」聽成是嘮叨，並且產生「我的爸媽對我期待太高，太折磨我」的念頭，進而心生憂鬱。假如你已經下定決心，想要改變自己的人生，那麼，理由絕對不能從外尋找，因為改變是為了自己的人生，而非為了滿足他人。

「如果是那種心態，就別讀了。」

我也遇過從這種錯覺中徹底驚醒的契機。沉迷於漫畫書的學生時期，我很想要一本在表姊家讀到的書，所以一回到家，我便向母親提議：「媽，要是我這次考試數學拿一百分，你就要買那套漫畫書給我。」我原以為母親會很開心，結果沒想到並非如此，你們知道她當時說什麼嗎？直接一口回絕：「不行。」

當時內心頓時湧現了一股委屈，心想：「同學們只要考試考好，父母都會買電子寵物機（養電子寵物的遊戲機，我讀國小高年級時很流行）送給孩子，家境更好的同學甚至能得到一台個人電腦，為什麼我的母親連套漫畫書都不願意買給我？」

所以我不停爭論，要考到一百分需要極大的努力，我想要做到這樣了不起的事情，好讓母親開心，她為什麼要潑我冷水？結果母親的回應出乎意料地果斷。

「多志啊，你把書讀好，受惠的人是你不是我，所以為什麼要我買漫畫給你呢？如果你是用那種心態讀書，就別讀了。」

聽了這句話，我還是不服氣，心裡只想著：

「別人家的女兒要是有這種反應，家長都會給她擁抱、安慰她；原來我們家不會喔？好吧，那就不讀啦！」

腦海中浮現這樣的念頭，於是認真打算就不讀書了。但是隨著時間流逝，我的內心開始浮現某種情緒，那是「不安」。當這股不安大到難以忽視的程度，我重新檢視這樣的感受，它則嚴厲地告訴我：「醒醒吧，你現在到底在幹麼？

要一輩子對你負責的人是你自己！」

母親說的沒有錯，我想要忽視也想要怪罪他人，但最終因為讀好書而受惠的人是我自己。認真讀書上大學的人是我，做喜歡的工作也是我，藉此活出夢想生活的人也是我，並非代替父母讀大學、工作、結婚。父母只是在我們取得良好成績時，得到「欣慰」而已。我們讀書的真正原因，其實都是為了自己。

各位現在是用什麼心態在讀書呢？該不會還誤以為自己是在為某人而讀吧？不妨趁此機會，重新回想並整理自己讀書的真正理由吧！

不為他人，
用為自己的心態

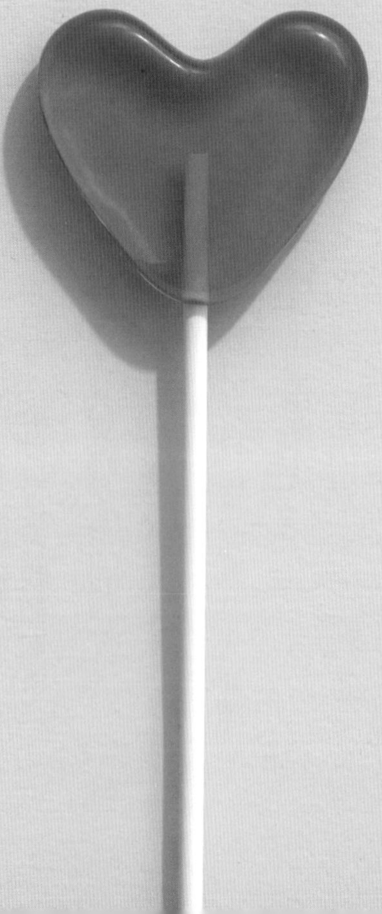

前面提到了，不要忘記讀書是為自己，不為他人，那麼我們來暫時想想看好了：為什麼會誤以為自己是在為別人而努力呢？

是什麼促使各位改變？

因為目標設定錯誤，沒有設定成專為自身成長的「成長目標」，而是設定成「證明目標」，為了向他人證明自己是多麼了不起的人。

如今，是時候重新設定目標了：我們改變、努力的理由，是因為愛自己，也是在變幻莫測的世界裡，能夠贈送給珍貴的自己的最佳禮物。

試著讓「心」動起來吧，這是無比重要的事情，因為內在成長目標是改變自身的本質力量。

在古代的中國，曾有一個時代是一片土地上有兩百多國的混亂期，也就是所謂「春秋戰國時代」。這段時間，許多學者都在研究終結混亂的方法，他們被稱作「諸子百家」，其中形成龐大勢力的正是「儒家」與「法家」。

法家強調為了終結混亂，需要強烈的法律制裁。舉例來說，要是國語成績沒超過五十分，就要每天留下來打掃，這套思想就是做錯事要受罰的「必罰」思想；反之，也有要是考到一百分，就能免於打掃的思想，這是屬於做得好就該給予確實獎勵的「信賞」思想。

法家主張，使人行動的力量並非出自那個人的內在，而是外在。然而儒家認為，不能像法家那樣，因為少了自發性，行動就不會持久。比方說，那些沒有考超過五十分的學生，儘管每天留下來打掃，只要沒有人監視，就很容易偷懶。換言之，假如缺少自發性，不是出於內在動機，那麼單靠強制處罰或外在補償，就很容易失去那份力量。

也就是所謂的「內在動機」與「外在動機」。我們需要的是擁有為自己而改變的內在動機，來自外部的甜蜜補償當然也會是認真努力的動力，但那只是「額外」的獎勵而已。為了自己而非為外在某樣東西做改變的人，不論面對任何情況都不會失去發光的力量。

為了僅此一回的人生

當你領悟到自己所付出的努力不是為他人，純粹是為自己時，面對人生的心態就會有所改變。猶記在我二十五歲時，我向原本做得滿好的證券公司遞出辭呈，專心準備教師任用考試；二十五歲，正值人生最美好的年紀，要每天穿著邋遢的運動服讀書十幾個小時著實不易。

但這終究是我的人生，在僅此一次的人生中，為了從事我所想做的「教學工作」而讀書，因此我下定決心，不能抱持著被誰推著勉強去讀的心態，要用就算花一年、兩年把自己榨乾也在所不惜的心態去讀。神奇的是，這樣調整完心態以後，讀書也變得有趣許多。當然，偶爾還是會不免擔心，要是考試落榜該怎麼辦？有時也會因為不曉得何時會考上教師任用考試而感到茫然。

每當這種時候我都會這麼想：「我已經順利通過考試了，現在讀的書是為了將來開課在做準備。」然後就會非常期待，在圖書館裡埋首苦讀的時間也不再感到可憐，反而認為是會使我人生變更精采的寶貴時光。

一定也有人是為了達成每日讀書進度，而硬著頭皮坐在位子上的，但是假如知道是在為自己讀書，讀書時間就不再沉悶乏味，反而會像在觀賞期待已久的漫威電影一樣感覺時間飛快。研讀教育心理學時，因為可以學習學生們的心理而感到有趣；研讀教育社會學時，因為可以試著想像教室裡會出現的情況，並思考解決方法所以感到有趣。我對於可以透過一本書，就能在短時間內學習到知名學者畢生研究的結果心懷感恩。

在圖書館讀書到深夜十點才返家的那條路總是一片漆黑，但是每當看見照亮那條昏暗道路的路燈，就會有一種難以言喻的「欣慰」湧上心頭。讀了一整天的書感覺腦袋快要打結，書包很沉、肩膀也很重，但心情仍是愉悅的，因為看見自己如此疲憊，就表示今天也有認真讀書，這就好比一種勛章，證明我有好好珍惜、對待自己。

這種動心是很重要的事情：為內在的自己著想之心。再次強調，內在動機才是能夠帶來真正變化的力量。

尋找喜歡的工作就好比學騎腳踏車，

請以身體力行的方式去找尋，

就算摔倒也絕對不會死，

所以請允許自己嘗試犯錯。

2

只要能找到
自己喜歡的工作

｜尋找黃金種子的方法｜

喜歡的工作
不可能靠偶然發現

「你是在何時找到黃金種子（Golden seed）的呢？」

我曾在二〇一六年「直指韓國國際慶典」上進行過一場演講，這是當時主持人問我的問題。Golden seed 直譯的話就是黃金種子；比方說，有個人在各領域分別投資一億韓元，但是唯有不動產讓他賺到五十億韓元，所以在投資方面的黃金種子便是不動產。假如把這項概念套用在我們的人生會是什麼？黃金種子是潛在於自身內在的、真正的才華與潛力。

當時一同演講的公演藝術家李恩傑先生和植物畫家申惠雨小姐都回答：「從小就自然而然發現了自己的才華。」輪到我之前，我非常努力思考該怎麼回答，但腦中真的一片空白。其實我們的學生時期，根本沒有機會探索自己真正想做什麼，因為都在忙於應付學校的期中、期末考試。

「其實前面兩位都表示是從小就發覺自身才華，但我是直到長大成人還迷惘徬徨，因為我發現，只要沒有親身經歷過，就不會知道自己究竟在該領域有無才華，所以我是在嘗試教育實習後才知道，原來我對教育工作感興趣，也有這方面的才華。」

看在其他人眼裡是最沒效率的人生

要是我們每個人都能從很小的時候就發現天賦異稟的才華，專注只走那一條直路並且功成名就的話該有多好。比方說，就讀國小的時候就已經能解出大學生才有辦法理解的數學題，或者提前畢業於科學高中、出國留學回來後，成為世界級的數學家！在白色畫紙上描繪這種人的「歷史線」會發現，從出發地開始到目的地為止，只要畫一條直線即可，非常筆直且鮮明。

這樣的案例會使我們感到挫折，因為是從子葉開始就與眾不同、和我分屬不同世界的「某個人」的故事，但是大部分平凡人的「歷史線」是蜿蜒曲折、中間有斷裂，甚至無法延續下去的，我自己也曾是如此。

「這樣不會覺得很浪費時間嗎？」

這是一名聽聞我要離開工作兩年的證券公司、準備報考教師任用考試的朋友對我說的話。明明是在就職困難的時期進入不錯的公司、還工作了兩年，卻突然說要離職，看在她眼裡一定覺得是魯莽的決定。假如有人生導航，對某些人來說，當時應該就是聽見「您已離開路徑」的瞬間吧！

然而，隨著一邊徬徨一邊嘗試，最後還真的被我看見屬於自己的路，因為畫著蜿蜒曲折的路徑，不斷碰壁又碰壁，內在聲音反而愈漸清晰。

「我想靠教歷史維生。」

將來出路就像騎腳踏車，要用身體學習

假如人生也像開車，有個導航能提供最快速又安全的路線，指引我們通往成功的道路該有多好，這樣就不會做出無數種選擇，也不會花時間苦惱、焦慮這項選擇到底正確與否。

「您已偏離路線。」

各位聽到偏離路線，腦海中會先閃過什麼樣的想法和情感呢？會浮現「好可怕。光想就討厭。有點擔心害怕、焦慮不安。又要重頭再來實在好麻煩」諸如此類的想法嗎？還是「既然都偏離路線了，不如就試著走走看沒選過的路吧！感覺會滿刺激有趣，有點好奇會是怎樣的未來」這種想法呢？

走入人生重大的「選擇歧路」時，最重要的是你看見該項選擇背後有什麼——是先想到自己為失敗所苦的表情，還是為展開新人生而看見新希望？這會

帶來很大的差異，那個畫面也會改變我們的情感、進而改變我們的想法和行為方向。

假如你想到的是希望與勇氣的線索，那麼，就算偏離路線，你的心也一定會莫名感到興奮、期待。為什麼呢？因為已經沒有退路了，不如趁此機會挑戰看看自己真正想嘗試的，等於意外獲得鼓起勇氣的條件。所以我由衷希望各位不論是否願意，只要脫離路徑，都能想起希望與勇氣的線索。

雖然你可能會認為，許多人一定從一開始就選擇自己最喜歡的方案A，但令人驚訝的是，更多時候並非如此。有些人會為了滿足家人的期待，或者認為方案A不切實際，抑或是方案B、C也不差，所以就先選擇眼前方案，像我自己就是如此：先在證券公司上班，再為自己真正想做的工作鼓起勇氣、徹底改變人生出路。

程序性知識和陳述性知識

試錯、失敗、偏離路線……請各位好好珍惜這些經驗，因為它們都是重要知識，也會成為智慧，在未來即將面對的無數選擇分岔路上引領我們。我們將此稱作「程序性知識」（Procedural knowledge）。

想想騎腳踏車好了，一開始騎兩輪腳踏車時是不是很可怕？可能會跌倒幾次，但是自某一刻起身體就會適應熟悉，包括如何操控把手、要多用力踩踏板才會向前出發等，這便是程序性知識。

程序性知識和「陳述性知識」（Declarative knowledge）不同，陳述性知識是靠「腳踏車是帶著兩塊踩踏板的移動工具」這種概念來理解的知識。接下來就讓我們一起複習看看吧！「泡麵是將麵體油炸後烘乾，並且附有調理粉包的速食品」，這個是陳述性知識。「為了享用泡麵，要先把水煮開，放入麵體，再加入調理粉包」，這個則是程序性知識。

假如陳述性知識是和「什麼」（What）有關，那麼程序性知識則是與「如何」（How）有關的知識。在生活中需要的實用知識便是程序性知識，關於腳踏車的定義其實只要上網搜尋便能馬上得知，但是關於如何提升騎車速度、如何煮出更美味的泡麵，則是明顯屬於經驗分享類的知識。不過，這與發覺自己喜歡的工作有什麼關係呢？

當我說「自己決定要靠什麼出人頭地」這句話時，十人當中有七、八人一定是這樣回答的：

「我不像老師一樣會讀書，也沒有優異的運動神經或特殊長才，做自己喜歡的事情過生活會不會太不切實際？」

像這樣的反問會像跟蹤狂一樣不停尾隨。不是的，各位。

做自己喜歡的工作並不會不切實際，透過「無勞動」發現自己喜歡的工作，才真的是太過理想而不切實際。

我們一定要把喜歡的工作徹底當成「程序性知識的對象」，不能僅靠坐在書桌前隨意搜尋腦中浮現的幾種職業，並確認這些職業的解釋內容，來找到自己想要從事的工作。我們要靠略微過度的勞動而非無勞動來尋找，畢竟搜尋出來的職業定義並非重點，要透過親身經歷、摔跤跌倒、身體力行去學習。

一開始學騎腳踏車時，會擔心要是一個重心不穩、跌倒的話就會嚴重受傷，但其實大部分都頂多只是膝蓋或手掌輕微破皮的程度而已。尋找喜歡的工作也是，就算跌倒了也絕對不會死，所以盡可能允許自己犯錯吧！唯有將自己放在夢想的舞臺正中央時，方能開始看見模糊卻屬於自己方向的那條「線」。就如同利用身體學習騎腳踏車一樣，用這樣的方式找尋自己喜歡的工作，不知不覺間，就會開始看見各位的背後、有著靠汗水與努力集結而成的線，那便是夢想之線。

不要搜尋，
要「思索」

「老師，我如果去讀歷史系，人生真的會完蛋嗎？我想讀歷史系，但是周遭的人一直勸阻我，說將來會找不到工作。」

這是我最常被問到的問題之一。事實上，在現實社會中，純粹的學術研究往往會遇到難以找工作的困境。況且，我們對於自己從未走過的路會感到擔憂，也是人之常情。

然而，世界上最了解自己的人絕對是自己，明明經常和最棒的「自我專家」在一起，卻仍藉由別人的意見或網路搜尋來對自己下判斷。

這部分我也能理解，畢竟現在是透過網路搜尋來找尋最安全又知名道路的世代，從出生開始，周遭環境就已經被安排成要適應這種模式，所以不是各位的錯。但是當我們為了搜尋而打開相關平台或 Instagram 時，裡面有什麼呢？Google 只有首頁有留白，等真的搜尋關鍵字以後，就會墜入「他人建構的大海」，更別提其他平台了。在這樣的地方容易找得到屬於自己的路嗎？著實有限。那我們該如何找尋屬於自己的路呢？

不要搜尋，要「思索」。

搜尋與思索，兩者恰好相反。搜尋只要動動手指、輸入關鍵字即可，思索則不然。比方說，我們思考「今天要和朋友一起做什麼事情？」好了，如果上網搜尋的話，就可以找出一些熱門景點，經過篩選後直接出發前往即可。但是假如要好好思索這個問題的話，就要先從「我做什麼事情會感到開心？」開始思考，相較於搜尋不便許多。儘管如此，為了找出真正屬於自己的黃金種子，我們不得不好好思索。

靜態思索：關於我的記錄

為了找出自己喜歡的工作，我所執行的思索方法是「記錄」。不必寫得十分冗長，只要寫短短四、五行左右，留下「自我探索」的記錄即可。以下是我的記錄，供各位參考。

➤身邊的人只要看見（艾莉絲）就會感到羨慕，卻都不想成為像（艾力克斯前輩）那樣的人。

我嘗試在括弧裡填入人名。我從小就一心想要賺大錢，卻不想成為像艾力克斯前輩那樣的人。他非常富有，卻不是我想要成為的那種人，因為每次見面就會炫富，所以沒有人想要靠近他；他甚至還說，大家會討厭他都是因為嫉妒。我聽到這番話便暗自下定決心，絕對不要成為像他那樣的人。反之，艾莉絲前輩就不一樣，儘管在自身領域得到非常傑出的成就，卻仍懂得歸功於身邊人士的幫助。

我透過思索認識自己，原來我並非純粹想要賺大錢，而是想要有「好的成功」。像這樣，只要是關於「對自我的發現」，任何主題都可以，嘗試記錄看看吧！

我重新翻閱過去自己所寫的記錄，發現主要分成四大主題：

(1)關於自己的全方位掌握

·平常對（領域）深感興趣，卻從未實際嘗試過，就算年齡稍長，仍想嘗試。

·朋友對我說：「你真是個（性格／特性）的人」，這倒是出乎我意料之外，其實我好像的確是（性格／特性）的人。

・要是能重新投胎，我想要嘗試的職業是（不現實的夢想）之類的。

「關於自己的全方位掌握」主要是在思索自己的價值觀、性格、才華等，像這樣的記錄累積久了，就會逐漸看見先前從未看到的優點輪廓；一旦面臨實屬困難的情況時，明確知道自己的長處與優點，它們反而能扮演船槳的角色，幫忙掌控船隻方向，並且使船持續前行。

(2) 關於思考方式的分析

・我在（情況）中感受到壓力，我會感到有壓力是因為（理由）的關係。

・我在（行程）愈漸逼近時會覺得擔憂，但是我想要相信，等事情結束後，就會帶來正向改變。

了解自己在哪方面比較脆弱也很重要。

(3) 關於經驗的分析

・我在進行（活動）時比較有自信，反之，在進行（活動）時會感到無力。

每一項經驗都會讓自己學到東西，所以透過經驗學到了什麼、該項經驗如何改變了自己，都可以將其一一記錄下來。

(4) 關於人際關係的分析

・我和（朋友、家人、戀人或另一半）在一起時，會感到（情感）。

思考自己與周遭人士的關係也十分重要，彼此究竟是不是值得信賴的關係、要是漸行漸遠的話原因是什麼，思索這些問題都有助於彼此成長。

像這樣關於自己的記錄愈來愈多，就愈會感受到原本模糊不清的某種東西逐漸清晰明朗起來，隨興的喜好也變得更加堅定明確，原本篤信的想法也可能會瞬間瓦解。各位不妨也花個短短不到兩分鐘的時間，將今天發現的自己記錄下來。不過切記，要以不給任何人觀看為前提，誠實記錄。

動態思索：積極允許自己有「徬徨費用」

說到思索，可能會想到拿著一本書在苦惱的模樣，但思索的定義其實是「思考探索道理的行為」。假如用手書寫記錄是靜態式的思索活動，那麼，用身體親自碰撞、體驗，則為動態式的思索活動；等於是靠身體去面對、靠雙腳四處奔波，不斷確認是否符合「我的道理」，才有辦法做出最佳選擇。

其實我原本認為，自己應該絕對不適合「教育工作」，因為從小就認為「老師」這個職業必須在道德方面完美無瑕，再加上我有報告恐懼症，每每只要輪到我上臺報告，就會心跳加速、緊張不已，要是當老師，豈不就要每天站在學生們面前演講？我光想就覺得恐怖。

雖然我考上歷史系以後，透過教職移修[2]取得教師執照，但當時的目標並非成為學校老師，而是從事企業教育，或者成為電視節目製作人。率先讓我有親身體驗機會的是電視臺：大二那年，透過季節學期課程，有機會在電視臺連續劇製作的片場工作，也就是在那時我明確知道自己不適合從事電視臺相關工作。

教職移修時，會需要經常參加教學實習，所以我在升上大三、必須開始教學實習時感到非常憂鬱，電視新聞裡則是日以繼夜地報導著抽菸打人的「現今青少年實態」，因此，教學實習對我來說，就是一場想要「趕快嘗試過即可的經驗」。

但是我萬萬沒想到，教育學生竟然會是我的天職。我在學生們面前是演技精湛的「演員」，可以將歷史人物表演得活靈活現，也是「編劇」，可以把故事講得精采絕倫，更是透過學生們的回答一同成長的「朋友」。

直到那時我才明白，究竟為何學生時期的老師們都勸學生不要化妝。當時我每天都很認真偷擦BB霜，為了修飾不好看的臉蛋，以及那些紅腫凸起的青春痘，當時老師們經常說我們是「就算不化妝也漂亮的年紀」；直到我當上老師以後再看學生，才終於可以體會這句話的意思。我到現在還是難以忘記，吃完午餐後約莫第五節課的時間，透過教室窗戶灑進來的陽光，照在孩子們長有汗毛的臉頰上，彈潤閃耀，看起來十分可愛。當時我下定決心，要為這些正值樹

2 非本科系的人修讀的課程（教育課程或教育學分）。

立重要價值觀年紀的孩子們，盡可能提供能夠成為養分的指導。

然而，我到底為什麼會進入證券公司工作呢？這其實也是一段嘗試，為了確認企業教育究竟是否適合我的經驗。當時我的判斷是，教師可以等我先去一般企業上班後再轉職，但要是先當學校老師、再離職去一般企業上班會相對困難。最終，工作兩年後，我體悟到自己實在不適合在證券公司上班。

人們會說這叫「浪費時間」。沒有錯，假如單純只看人生中的「時間」，我的確是在浪費、拖延，但是在連續劇拍片現場跟著劇組人員工作、參加教學實習、在證券公司上班，透過這些經驗，我變得更加了解自己。畢竟這條路不屬於自己，也是一項要藉由親身經歷嘗試、才有確知的珍貴知識，不是嗎？

我的結論是，我只是投資了時間去發現這些事實，更何況這還是在為自己找到一輩子都可以快樂參與的「工作」，要是選錯衣服只要不穿就好，點錯餐點再點其他的來吃即可，僅此一回的人生可是無法挽回，也不能因為不滿意而選擇摒棄丟掉。因此，當各位在開拓寶貴的人生道路時，一定要嘗試靠身體力行來思索；單靠坐在書桌前動動手指搜尋，可能性的種子並不會結出果實。

那麼，究竟要經歷多少次的碰撞、多少次的犯錯才好呢？

「做過之後發現不是我的路」兩次。

「做過之後發現很適合自己」一、兩次。

假如各位是二、三十世代的人，我會奉勸各位盡可能累積多種經驗，或者以未來出路為目標，找尋相關打工機會或嘗試實習也可以。像我自己也是一路從電視臺工讀生到證券公司職員，後來再當上高中老師，直到第四次挑戰——擔任補教界的講師，才真正穩定下來。雖然四次看起來有點多，其實並不然。

如今已經不是只有一種職業適合自己的時代了，反而需要適應並嘗試多種職業，因此，及早允許自己在職業摸索中投入一些成本吧，畢竟在人生的時間軸上亂點一通，屬於自己的線也會愈漸鮮明。

給你個當頭棒喝：
咖啡廳可不是任誰都能開的

我們周遭充斥著透過身體力行實現夢想的「動態思索家」，而他們絕非生活在某個特殊地點的特殊族群。

當初在認真準備教師任用考試時，我每次只要吃完飯，就會在圖書館周圍散步個五分鐘，那附近有便利商店、辣炒年糕專賣店、中餐館、理髮廳、大大小小的咖啡廳、飾品店等各式各樣的店家，乍看之下很容易認為就只是一些小規模的商店，實際上那些老闆們都是用自己的資金來經營事業，都是很了不起的企業家。然而，我們常常會說什麼？

「要是真的沒工作就來開一間十坪大小的咖啡廳吧！」

「選個好地點開一間炸雞專賣店好了，想活得輕鬆一點。」

「你還是去當炸雞專賣店老闆好了，我就在你隔壁當咖啡廳老闆。」

這些耳熟能詳的怨嘆台詞，彷彿已經成了一種慣用語，但其實這是極其傲慢的想法。

當我們對於職場生活感到厭倦疲憊時，就會開始思考其他人生路，這時，和公務員一樣最常被我們提起的職業，似乎就是咖啡廳老闆，彷彿只要下定決心，就能馬上蹦出一間咖啡廳一樣，把咖啡廳創業說得非常簡單。

雖然現在韓國的咖啡廳文化已經發展純熟，但其實光是在十年前，還處於尚未奠定文化的時期，據我所知反而有許多咖啡師和預備糕點師遠赴日本進修深造，就算不一定要修完這些專業課程，至少也一定要在日本完成咖啡店巡禮。

擁有小宇宙的人們

讓我來分享一位前輩的故事吧。當時他的夢想也是成為咖啡廳老闆，所以就讀大學時選擇休學，遠赴日本，在各間咖啡廳打工。當時星巴克在韓國開的店面還不多。

然而，周遭的人有為他加油打氣嗎？「你不去當交換學生嗎？累積漂亮履歷都來不及了，為什麼要跑去日本打工？」他說光是這樣的質疑就不知道聽了有沒有破百，但他還是為了實現屬於自己的咖啡廳文化，抱著這樣的目標堅持到底。

爾後，他學成歸國，大學畢業後一邊進公司上班一邊累積資金，等存到足夠的資金、足以在自己想要的地方開咖啡廳後，便帥氣地向公司遞出辭呈。由於籌備的資金還不足以將該棟建物買下，所以一開始是以保證金多少、月租多少來創業。沒想到，如此開設的第一間咖啡廳竟大獲成功，前輩以高價賣出第一間咖啡廳後，將事業版圖拓大，這次直接在濟州島買一塊地來蓋咖啡館。

就算是位在同一地點的百坪土地，能夠做商業用途的土地會比只供住家用途的土地價格高出一倍，前輩運用自己有限的資金，先了解那塊土地是否可以進行排水管、電力、下水道施工，才將其買下，蓋了一棟非常漂亮的建築物，成為許多人嚮往的屋主房東，也是 Instagram 經常被標記的知名網紅咖啡廳老闆。

聽起來如何？「沒事做就去開一間咖啡廳吧？」「好想當房東」諸如此類的純抱怨，對於某人來說可是要費盡千辛萬苦、身體力行才有辦法完成的「大業」。大家聽完有何感想呢？

究竟成為咖啡廳老闆的夢想應該屬於誰才對呢？由於是別人的故事，可以濃縮成簡單幾句話，實際上當事人為了獲得這樣的果實，可謂吃足了多年苦頭。

在我看來，開店的每個人都有著屬於自己的小宇宙，換言之，並不是任何人都能擁有的。

試著先從泡到腳踝的深度開始

假如有想做的事、但還不太有把握，目前置身的地方又使你看不見未來時，不妨嘗試兩條路同時走走看，也就是繼續維持目前職場的工作，並利用剩餘時間，在想要開拓的未來出路起始線前走走看看。

假如你的夢想是成為咖啡廳老闆，不妨先挑戰看看咖啡師執照課程，或者做一趟咖啡店巡禮，蒐集範本。以客人身分和以預備老闆身分走進咖啡廳裡，看到的事物會全然不同。前者只會看見擁有絕佳景觀的座位，後者則會先看見客人一口氣湧入時的動線處理及員工人數，因此，至少可以先嘗試邁出這樣的一小步。

就好比踩進海水裡直到腳踝高度，就能全身感受到海水的溫度一樣，光是稍微踩進自己理想的未來出路，也一定能感受得到該項職業的現實面。所以試著把自己至少帶到這個位子吧，這便是用身體在思索。

將這一連串的過程用歷史、哲學的角度來解釋，便會是「成為（Becoming）的力量」。「成為」一詞源自於英國的自然哲學家阿爾弗雷德・諾斯・懷海德（Alfred North Whitehead）。

成為（Becoming）＝形成

比起存在（Being），他更重視形成（Becoming），認為唯有前往未來、形成變化才是「有意義」的。我在先前的內容中提到，「一件事情的成敗還要花一些時間去見證，像這種『線的感覺』才是以歷史主體過生活的態度」，而我這樣的觀點也恰巧與他的觀念相吻合，因為當我聽聞這項用語時，腦中浮現了「過程」、「線的中央」、「無止境的方向性（目的）」。

各位什麼事也不做，只想著「要不要找個安靜的地點開一間咖啡廳？」「待在這裡沒什麼未來。」「什麼時候才要變成週休三日？」這些都是「存在」，雖然不滿意如今自己身處的地方，卻也不去做任何嘗試，更不打算動起來的狀態。我在證券公司上班時，也是處於這樣的存在狀態。

反之，打聽咖啡師培訓課程、加入相關社群網站或社團搜尋資訊、培養實戰經驗、設定週末計畫，這些則屬於「形成」的範疇。就好比我離開證券公司、正式進入教師任用準備，那段「身體力行」的過去同樣也是屬於形成的時間。假如對於「形成」這個哲學用語感到陌生，不妨將其轉換成日常生活中常用的「流程」亦可。

簡單做個英文單字解釋的話，各位知道「profit」（利潤）是從「process」（流程）衍生出來的單字吧？為了得到某種結果所需要的過程便是流程，走完這段流程則會收穫利潤。因此，透過「小小的開始」，建構屬於自己的形成系統吧！透過形成的過程，亦即流程，將產生各位想得到的利潤。

為什麼比起擅長的事，
更該做喜歡的事

在同一個場域做同樣的事情，並不表示裡面的人想的事情都一樣。自行決定要走公職路線，因為「想要為地區、社會做點事情」而當公務員的人，與純粹只是為了抱個鐵飯碗的人，兩者截然不同。

教師這個職業也一樣。因為喜歡學生才站上講臺的人，與喜歡有年金和寒暑假所以進入這行的人，學生所感受到的溫度本身也會有所不同。各位是不是以為孩子們不會察覺？其實他們都心知肚明。

雖然職業不分貴賤

說個題外話，我在課堂上稱呼學生時，通常會叫他們「小啾啾」，因為下了課以後聚集到我這裡來問問題的模樣實在像極了一群小麻雀，簡直太可愛，所以我到現在都還是叫他們「小啾啾」，我也的確非常喜歡小麻雀。

我們常說職業不分貴賤，沒錯，職業的確沒有分貴賤，但不可否認的是，對待自身職業的態度是有分貴賤的。我認為，比起一個人從事什麼職業，如何對待自己的職業，才是真正決定貴賤的關鍵所在。

就算只是賣海苔飯捲，假如抱著「一條飯捲就是我將來的店鋪，我要用全世界營養價值最高的蔬菜來做飯捲」的想法來做飯捲，那麼這家飯捲絕對會成為精品飯捲；反之，假如只是承接父母早已打響名號的飯捲專賣店，想要輕鬆做、輕鬆過生活的話，那間店的飯捲終究也只會變得平凡無奇。

比起用低賤的態度對待不錯的職業，我更希望各位選擇一開始比較不受人矚目的工作，但是因為諸位的珍貴對待而提升了那一行的質感；為了達成這樣的目標，一定要投身自己喜歡的工作場域。

所謂喜歡的工作，並非只有一開始喜歡

因為喜歡而做，以及因為其他目的而做，兩者之間存在著各種差異，其中一項便是早晨起床時「眼皮睜開的速度」。

許多人經常向我訴苦，早上因為起不來而感到痛苦，而我則恰巧相反，反而擔心凌晨太早睜開眼睛，因為每次只要睜開眼睛就是凌晨四點四十分，所以很多時候甚至只能闔起眼睛，等待起床時間到來。我本來就少眠，加上從事自己非常喜歡的工作，所以每天都是自動睜開眼睛，頂多只在床上輾轉八秒鐘便會起身下床，空腹喝下一杯白開水，這就是我每天早上的起床儀式。

在早晨、中午、晚上當中，我最重視早晨。各位是不是認為早晨會自動到來？不是的，它是為了填補我的一日而來的貴客，是開啟一日之門的寶貴時間，而眼皮則是迎接早晨的第一個肢體動作，所以意義非凡。

然而，有一件事情不能誤會，我們並不會因為做的是眼皮自動睜開的喜歡工作，而每一瞬間都感到幸福，或者表示這樣就是好事。成功人士之所以說破嘴強調「喜歡的工作」、「讓人心跳的工作」，是因為這樣我們比較能忍耐、承受艱難的過程。能夠在特定領域締造出非凡成果之人，往往是能夠承受得了那一行現況的喜怒哀樂、沉得住氣，絕非只是穿著帥氣、簡報講得頭頭是道而已。

試著想像看看做著喜歡工作的我吧！各位認為我的一天會是什麼模樣呢？我發現許多人都會先想到電視劇裡才會出現的「光鮮亮麗」人生：穿著帥氣、動作俐落地敲打鍵盤，充滿朝氣活力地在臺上演講——其實這是天大的誤會。假如用衣服來比喻，比起整齊潔白的白襯衫，飄散著汗臭味的工作服比較接近我的真實樣貌，因為在為了準備一場精采講座和一份高品質教材而埋首專注工作的期間，不知不覺已經汗流浹背。

準備一場演講通常需要五到六小時左右，除了拍攝錄影工作外，我還維持每日學習逾十小時超過十年，各位認為我在這三百六十五天當中，都對於這樣的前置作業感到快樂、有趣嗎？我想世上絕對沒有人是無條件喜歡學習的，但我發現自己一定要如此充滿熱情，學生才會方便舒適。

儘管不是一直都很快樂，過程中偶爾還是會感到樂趣。因為在嚴謹縝密地準備教材與演講時，一定會看見能夠提供學生幫助的重點，那會使我感到刺激興奮。工作要有成就感，才會視這項勞動為命中注定，繼續向前邁進。

「歷史內容明明都不變，為什麼還要每次重新準備演講呢？」

「為什麼每次都要更新教材？」

有些人會向我提出這樣的疑問。事實上絕非如此，即便是一樣的演講，每年、每一瞬間也都是全新的。要能滿足學生是非常困難的事情，只要有一點隨意，學生大概都會立刻察覺。

因此，為了讓自己每次都有所進步，要不斷重新回頭審視自己的工作，並加以改善、發展。試想蓋建一棟豪宅好了，絕對不會僅止於蓋完就結束了，可以為了更節約用電而安裝太陽能板，停車場也可以改裝得更漂亮。能夠將重複的事情想盡辦法求新求變、每次嘗試做更好，並撐過這段過程的人，最終才能在自己的領域戴上皇冠。

從這樣的觀點來看，對於喜歡的工作所抱有的先入為主觀念——感覺會是閃閃發亮、光鮮亮麗的刻板印象——反而能降低自己設定過高的進入門檻。各位怎麼想呢？

初心、中心、

完心的祕密

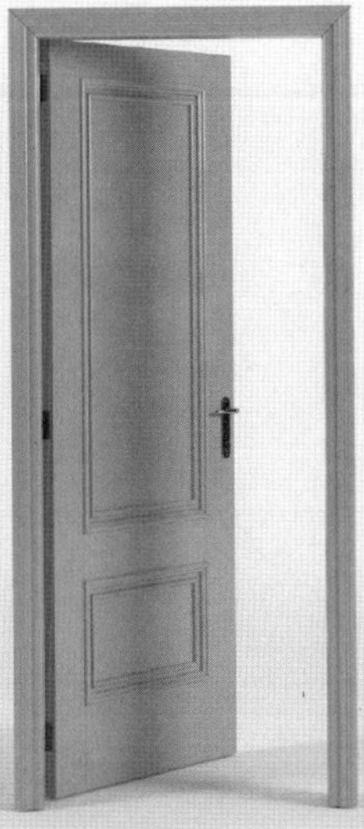

至今為止，提到喜歡的工作，都會認為是充滿熱情的工作。其實，如果從這樣的角度去尋找，反而容易錯過適合自己的工作。在此，我提供各位一種方法，不僅可以卸下這種先入為主的觀念，還能同時降低喜歡的工作的進入門檻——只需將各位鎖定的那份工作貼上時態——初心、中心、完心即可。

- 初心：剛投入該工作時的心情
- 中心：對該工作已有一定程度熟練時的心情
- 完心：到達專家級水準時的心情

不論任何工作，都會因年資而出現不同的熟練度、趣味度、未來可能性等，只要那份工作不是討厭到會讓你每天早晨都不想睜開眼睛的程度，貼上時態將有助於各位重新看見自己想要挑戰的事情，或現正從事的工作意義。且讓我舉例說明。

只有一開始喜歡的工作、愈做愈喜歡的工作

假設一開始是帶著興奮期待的心情，加入自己一心想要的化妝品企業行銷部門好了。進入公司初期，你對一切都感到興奮有趣，可是過了一年後，你看到一些公司前輩只是把該部門當作人生的停靠站之一，你會有什麼感想？原本想要加入此部門的初心頓時全消，自己也同樣開始物色其他可以跳槽的地方；那麼這份工作是什麼？就只是抱有初心的一年份工作。換言之，很難將其視為真正有意義、喜歡的工作。

再來舉個相反的例子好了。完成所有研修課程後，好不容易獲得了糕點師的工作，但是等正式上工才發現，只有名義上是糕點師，實際上根本是整天在

廚房裡製作麵糊、盯著麵包烤箱，甚至覺得烤麵包的烤箱都比製作麵包的自己看起來還要幸福。

儘管如此，我仍然不打算放棄這份工作，因為我知道，總有一天，我也想開一間屬於自己的店、推出自己專屬的招牌麵包，想要的話也可以隨時到海外出國工作。正因為知道自己製作的麵包可以超越人種、國境，備受喜愛，所以才會投入更多心力，用心將它做好。像這種情形，比起初心更於中心、比起中心更於完心賦予極大意義，換言之，就是所謂「喜歡的工作」。我嘗試將這段文字描繪成圖表。

投身化妝品企業行銷單位的人，屬於在初心到達頂

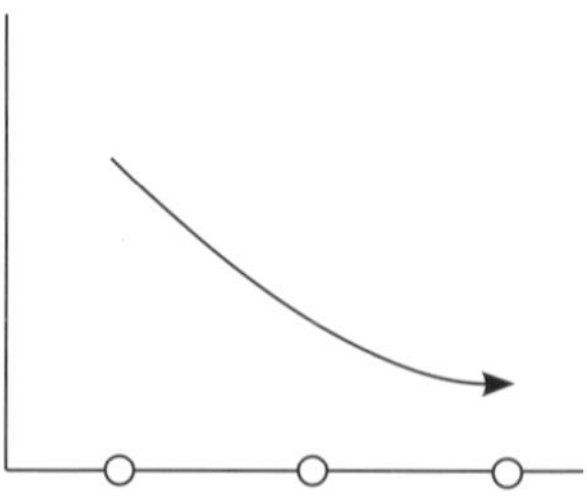

只有一開始喜歡的工作

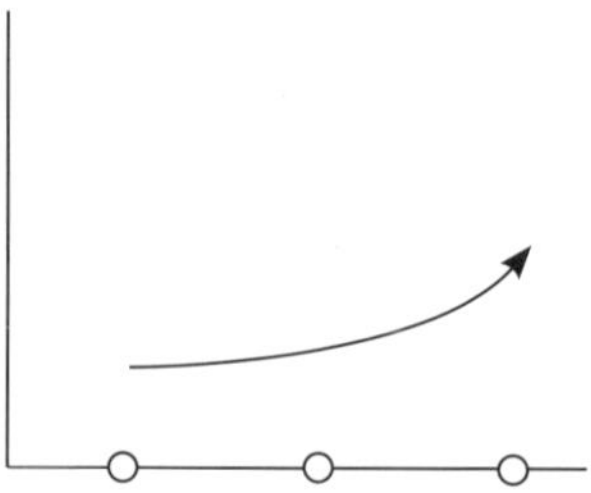

愈做愈喜歡的工作

點、隨後逐漸往下的那張圖，而從事糕點師職業的人則屬於滿意度逐漸向上攀升的那張圖（在此所舉的職業純屬範例，並非絕對，特此說明，也很可能恰巧相反）。

也許人人稱羨的職業，只有在加入公司前與剛加入公司時呈現滿意度最高的狀態，隨著時間流逝（雖然是龜速慢步），滿意度逐漸下滑的情況一定不勝枚舉，如今的現實情況也在如實體現。

為什麼會有那麼多人苦讀多時，好不容易考到七級、九級公務員，卻在短短一、兩年內選擇離職呢？除此之外，必須費盡千辛萬苦、突破超高競爭率才能進入的屈指可數的大公司，為什麼還是苦惱留不住新人呢？可能在那些離職的人眼裡，成為公務員或加入大公司的價值，根本不足以到達初心、中心以及完心的程度。在我看來，這些人並非因為年少輕狂、不知天高地厚所以選擇辭職，這絕對不是以任性的心情來賭上自己的人生。

一開始一定是因為職業的穩定性與現實條件不錯，才想投身其中。但是等自己親自踏進那一行之後，卻找不到「可以做上一輩子的價值或名分」，像我任職於證券公司時就是這樣的立場與心情。

之所以奉勸各位，在工作上加上時態，除了希望各位可以將目光放遠，好好檢視是否為自己會愈漸喜歡、隨著年資累積愈會覺得有價值的工作之外，還有另外一個理由：或許那份工作就只是酬勞較高、聽起來比較風光、備受他人認可，所以你才會緊抓不放，反而忽略了「做這一行的自己」。可以透過這種方式來重新檢視自己。

炙熱的心，各位是否有「熱福」呢？

話已至此，我要向各位做個提問：各位認為自己是以經濟報酬、他人認可、年薪、穩定性等這些世俗價值為最優先的人嗎？是不是覺得怎麼會突然問這種莫名其妙的問題？不，的確該在這個時間點拋出來討論。我的意思並非指這些世俗價值不重要，而是希望各位可以好好思考，這些價值在自己心中的占比是多少，所以請不要誤會我的意思。

讓我對「工作」奠定堅定心智的人是號茶山的丁若鏞老師。他說世上有兩種幸福，其中一種是熱烈的幸福，亦即「熱福」：帶著使命感初任官職，認真努力工作便會感受到熾熱的情感，這便是熱福。像這樣一邊感受強烈的幸福一邊工作，是非常重要的事情。是否有在這份工作中感受到成就感與使命感、對他人造成正面的影響力、期許自己的工作能使社會變得比昨天更美好的那份心意，不僅會左右工作成果，甚至還會改變人生方向。

就如同我是抱持著想要把歷史教得有趣一些，為學生們減少讀書的負擔、傳遞歷史趣味的心態，投入教師任用考試一樣，各位的內心一定也存在這種滿腔熱血。

這種炙熱的心也會使自己變得小材大用。

小材大用的意義是，

把自己放在可以為許多人帶來正面影響的位置上。

舉例來說，現在是就讀獸醫系的學生，學成後就可以到流浪犬保護中心嘗試做義診；或者現在是電腦程式開發工程師，有朝一日可以嘗試對社會邊緣人做IT教育，當一日講師。

就算同樣是就讀獸醫系的學生，一心只想著高薪的人會規劃出只求錢財的人生，而因為非常喜歡動物才讀這個系的人，一定會思考如何把自己的能力發揮到最大。沒錯，比起自己「做什麼職業」，透過該職業「想要達成什麼」更為重要。

諷刺的是，各位知道後者反而會帶來更多的財富與報酬嗎？因為只要顧客不是笨蛋，都能透過直覺感受到後者比前者更有誠意、更能協助解決自己的問題。

我的意思並不是要你在挑選職業時，忽視金錢或職業穩定性等世俗價值，而是要你追求更大的價值，讓世俗價值可以自動伴隨而來。更何況，能夠助人的工作也會使各位倍感幸福。

假如追求更大價值過生活，即便不被他人認可，也能守護自身。前述提到的丁若鏞老師可是度過了為期十八年的流放生活，甚至在流放生活結束後也未能重返原本崗位，但是他在自己的墓誌銘寫下：

「雖然奸詐狡猾的那群人使我倍感挫折，但天空寫著我愛你，所以好好珍藏，總有一天會意義遠播。」

意思是儘管現在得不到認可，他卻抱持著為了讓國家更好的善良意志而活，所以他深信總有一天，一定會迎來自己備受認可的世界。只要對自身工作有自信，就會對人生產生確信。

我對於平日工作抱持著以下兩種信念：

- 第一，工作不是去做，而是活出的人生。
- 第二，只要做自己喜歡的工作，就會產生自己會變成好人的信念。

韓國的建國理念正是弘益人間不是嗎？使廣大的人類受益。我們還是勤勞地尋找喜歡的工作，並藉由那份工作讓世界受益吧！我相信各位絕對也能一起同行。

短跑是「目標」，
馬拉松是「目的」

「至今為止都只是大概有個工作維生而已，是不是該讓自己做一次夢呢？也是最後一次可以嘗試加油的年紀，不趁現在應該就沒機會了喔！」

如何？會不會認為這段話就是在說你呢？實際上，我已經看過太多這種四十世代職場人士的留言，我發現許多人對夢想、職業、目的與目標的界線似乎還很模糊，所以我特別為各位準備了以下內容：究竟何謂夢想、目的、目標，以及彼此之間有何不同。

目標與目的，兩者之間的差異

目標與目的只有一字之差，但兩者的意義相距甚遠。「兩個月內減重五公斤」、「加入某某企業」、「學習一項樂器，歲末年終開一場演奏會」、「定期征服一座山」這些都是屬於目標的範疇；有沒有發現什麼呢？沒錯，目標就像短跑，有可掌控的期限，也有明確要達成的對象。

✓目標：為了達成目的而要到達的地方

那麼，我們一起試著對剛才提及的目標來安排實現計畫，如何？就以大韓民國不分男女老少、一致共同的目標——減肥——為例吧。假如要在兩個月內瘦下五公斤，應該就會從菜單開始調整：每餐可能都要吃雞胸肉，還會當個素食者，安排一堆富含蔬菜的菜單，星期五再搭配豆腐、魷魚、植物蛋白素肉一併享受；最終，好不容易在兩個月內成功減重五公斤，又覺得有些空虛。每次只要看到自己喜愛的炸雞和麵包，就會暗自心想：「我到底是為了享受什麼榮華富貴而在這裡辛苦減肥？」並做出只能挑戰這一次，下不為例的結論。

都已經達成目標，為何還是備感空虛呢？那是因為沒有明確目的，只朝目標奔跑的緣故。目標是只要達成就結束的「單一事件」，但目的是要用一輩子去追求的「方向」。

➤目的：要實現的事情或進步的方向

假如目標是回答「什麼」的過程，目的就是回答「為什麼」的過程。

為什麼想要減重五公斤？是為了打造美麗健康的自己，對吧？只有「減重五公斤」目標的人，就算瘦身成功也會感到空虛，但是把目的放在健康或自信心的人則不會，因為不是為了表面上的體重數字，而是為了自己的身體和自信選擇健康飲食、運動。

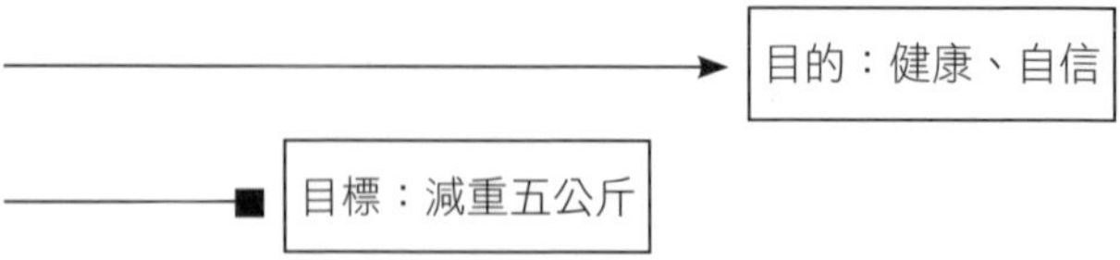

當你著眼於目的而非目標，我們所獲得的東西

重新整理的話，目標是屬於「需要的單字」，目的則是屬於「方向的單字」，因此，請將視線投射到位於目標後方的目的。

再提醒一點的話，目標是達成後肉眼可見的，比方說，瘦身成功後原本穿起來很緊的牛仔褲會變得寬鬆、提升的成績會以數字記錄在成績單上；反之，目的是即便達成也不會明顯可見，而且需要很長一段時間才有辦法達成，這時登場的單字便是可視性，可視性意味著肉眼可見的性質。

都說如果要成功，就需要耐心與毅力。我們常會聽見「要帶著耐心讀書才有辦法進到好的大學」、「假如連公司生活都沒辦法帶著耐心去上班，還能搞什麼事業？」等，諸如此類的話語。

只有學生時期會靠成績決定人生水準，一旦戴上社會人士的名牌，學校成

績就會變成遺物。那麼，究竟是什麼會決定人生水準呢？答案是苦撐到出現結果為止的能力，也就是耐心。因為只要撐下去就會有所改變，擁有「目的＝方向性」此項力量意義的人，都明白這一點。

漫無目的、一心只追求目標的人，會因為可視性而左右心情，然後身心俱疲，做出愚蠢的事或選擇中途放棄。以職場生活為例好了，假設我負責一項專案，也認真以待，但是因為看不到產值所以不斷逼迫組員，或者每當事情不順利時，就會因為憤怒而隨意對人發脾氣，看在其他人眼裡，就像個「情緒化的人」，評價也因此跟著變糟……這都是只著眼於「產值」這項短期目標的緣故。

反之，能夠看到目的的人，比較會控制曖昧模糊的瞬間，「就算這項專案沒有產出優秀的結果，只要和組員們相處愉快便足夠。畢竟團隊合作是無形資產，而這也是我在此次專案中想要獲得的目的之一。」這樣想就沒什麼好心情差的了，也能夠自動維持平常心，個人評價也會連帶變好。由此看來，假如目標是和情緒起伏一組，那麼目的就是和維持平常心一組。

各位是和誰一組呢？

由此可見，目標和目的不僅意義不同，蘊含的時態也不同，產生的影響力也統統不一樣，儘管是一字之差，其餘可是天差地別呢！

為了夢想、人生目的

從現在開始，我們要來談談偉大的夢想了。我們從目標開始，通過目的，終於抵達夢想。

大部分的韓國人都會以為「夢想」就等於「想做的事情」，但兩者其實絕對不同。分不清楚的人會說：「我從小的夢想就是以偶像團體出道。」然而，「職業」只是實現夢想的手段，絕非結果，換言之，透過做想做的事，可以更接近自己的夢想。接下來，我將介紹一位與夢想有關的歷史人物給各位。

只有目標的人，有目的與夢想的人

此人出生於蔚山的一戶菁英家族，爸爸是朝鮮時代承政院的承旨，以現在來看就好比是總統的秘書室長角色。少年名叫朴尚鎮，他兒時的「將來志願」是成為一名法官。

他的夢想是「幫助身處困難的國民」，法官這個職業絕對是實現他夢想的良好途徑；因為書讀得不錯，順利當上法官，被分發到了平壤法院。結果他卻馬上放棄了法官的職位，為什麼呢？那年剛好是一九一〇年，也就是日治時期，國家的領土、主權被剝奪之年，庚戌年。

能夠讓他選擇放棄法官這份好工作的最強動力是什麼？他的夢想是幫助身處困難中的國民，絕非只是當上法官。假如在日治時期成為法官，他一定是專門懲處那些搞獨立運動被逮捕的國人。為了停止殖民地統治下的同一民族苦難，他該當的不是法官，而是一起參與獨立運動。

他沒能成為兒時一心想當的法官，但是直到死前，都在往「正義人生」奔赴。雖然他的職業從法官變成了獨立運動家，可是目的和夢想都不曾改變。目的與夢想明確的人，比較不容易迷失方向；然而，也有正好相反的例子。

活躍於同一時期的李完用，當時和朴尚鎮烈士都屬於眾所仰望的人才，可是他的人生羅盤壞掉了，漫無夢想與目的地耽溺於眼前的利益。他時而親美，時而親俄，時而親日，飄無定所地更換政治色彩。最終，他在把國家出賣給日本這件事情上打頭陣，成了最具代表性的親日派成員。

雖然他以賣國作為代價，累積了龐大資產，成為京城裡現金最多的富豪，但是國民對他投以的眼神卻是冰冷尖銳的。每當他行走在街道上時，就會被人言語嘲諷，將其喻作小狗，甚至朝他吐口水。

他當初一定也有目標，比方「賺大錢」、「做高官」等肉眼明顯可見的目標，但是正因為他沒有目的和夢想，才會僅止於此。他在一九〇九年十二月二十二日走出明洞聖堂時，被喬裝成烤栗子攤老闆的李在明義士持刀暗殺，導致左肺喪失功能，留下後遺症，並罹患肺部疾病，最後於一九二六年身亡。

需要花一輩子達成的人生目的

也許每個人會略有差異，但我認為的夢想定義是比較偏宏觀的概念。

➤ 夢想：自己所追求的目的已達成整合的狀態。

像這樣寫下之後，看起來更了不起了。套用在李多志的人生上，解讀夢想的定義就會如下：

「我的夢想是透過指導學生獲得成就，維持健康的身心，以及與周遭的人和睦共處。」

真是多方面的貪心，對吧？這已經涵蓋了多少心願啊！假如這些夢想要統統實現，我預估應該會需要一些時間；要是真需要賦予一段期間，那我想想，應該會是「一輩子」。沒錯，夢想是活著的期間不斷挑戰、必須歷經嘗試錯誤與成長痛才會打磨而成的「人生目的」（Object of life）。請各位看看我李多志的人生目的。

- 人生目的一：指導學生獲得成就感。
- 人生目的二：維持健康的身心。
- 人生目的三：與周遭的人和睦共處。

雖然沒有一個目的是容易的，也不是當場就能達成，但我覺得至少要達到這種程度，才會對自己感到心滿意足。

各位不妨也趁此機會嘗試將目標、目的、夢想的關係區分開來，思考投入一生想要達成的人生目的有哪些，那麼，各位的人生至少不會虛度光陰。

「總之，先開始就對了！

開始所需的專注與補償機制會自動生成。」

請相信各位所具備的「開始之腦」。

3

將讀書設定為「我的命運」瞬間

｜創造後天的成功 DNA ｜

有沒有全力以赴，
自己最清楚

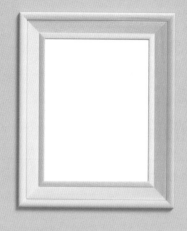

約莫三年前的時候吧，我前赴義大利考察，能夠親眼看見那些平時拿著照片教導學生的歷史現場，著實令我興奮不已。當時身心都很輕鬆，彷彿有人把我直接扛到那個地方一樣，心情也輕飄飄的。

米開朗基羅的盡力

從羅馬競技場開始，到萬神殿、西斯汀教堂，實際看其規模及雄偉感實在難以言喻。尤其西斯汀教堂的天花板壁畫《創世紀》，是我一抬頭仰望的瞬間，便會有一種撲向我的感覺，使我不自覺眼眶泛淚。不單只是因為壁畫很震撼，而是那地球上最全力以赴的物體藝術品。

上課時我經常講一則故事給學生們聽，教皇儒略二世為了測試米開朗基羅而拜託他描繪天花板壁畫，但其實這是個荒唐的請託，因為米開朗基羅以雕刻聞名，而非以他的畫。

西斯汀教堂的天花板長度為三十六公尺，光是寬度就有十三公尺，天花板的高度甚至高達二十公尺。各位試想，每天都要爬到那麼高的地方，舉著手、抬著頭描繪十八小時，而且還維持了長達四年時間。米開朗基羅的友人看著他向神祈禱這幅畫作可以順利成功，不免心疼地對他說：

「何必如此費心盡力，認真描繪重要的部分就好，其他地方大概畫畫，又不會有人知道。」

然而米開朗基羅回答：

「可是我自己知道有沒有認真。」

我們很容易說自己已經「盡力」、有「認真」去做，但是盡力的韓文為「最善」，裡面帶有「善」字，表示最好的意思，各位知道吧？只要努力到最佳當中的最好狀態，便是盡力。那麼「認真」又是什麼意思呢？認真的韓文「熱心」，指內心火熱的狀態，等於只有努力到內心著火的程度，才能說自己有認真的意思。

真心盡力、認真的人，會和米開朗基羅一樣，不與自身妥協或者欺騙他人。但是大部分人會認為「只要做到這種程度就足夠」，於是草草帶過。各位不妨捫心自問，「這真的是我能盡的最大努力嗎？」其他人可能不知道，但自己絕對心知肚明。假設還是不太清楚，不妨試著問自己以下這個問題，一切將了然於心。

「假如要回到咬牙努力的那段時間，重來一遍，你辦得到嗎？」

不多不少，只要問自己這一個問題就好。

想要回到過去的某一天嗎？

從事線上講課邁入第三年時，我和朋友們在閒聊，結果一位朋友問我：「假如能重回過去，你想回到幾歲？」

其他朋友紛紛開心思考，回到幾歲會幸福，「我要回到二十歲，最漂亮的年紀！」「我要回到二十五歲左右準備就業的時候，回到當時就能選擇其他工作了。」「我比較想回到就讀國小的時候，乾脆讓人生重頭來一次。」做出諸如此類的回答。但是各位知道我當時是怎麼回答的嗎？「嗯……我……沒有想要回到過去。」

我發現不管怎麼想，都想不出要回去的年紀。假如按照朋友們說的年紀來依序重返過去，我的二十歲是「要是沒有領到獎學金就付不出註冊費」，大學整整四年都要比就讀高三時還要認真苦讀；而準備就業時又是如何呢？找到工作的喜悅也才維持沒多久，就離開了原本待得好好的公司，轉當教師任用準考生。如果換作是各位，有辦法重新鼓起勇氣、轉換人生跑道嗎？我沒辦法。最後，辭去正職教師工作，準備轉戰線上授課時，難道只有感到幸福嗎？當時開始開設講課、寫書，每天只睡兩小時，差點沒累到往生。

因此，我不會想要回到過去的任何一段時期，因為我沒有信心比當時的自己做得更好、撐得更厲害、更嚴以律己。假如在神開的一場玩笑下，不得不回到過去的話，等於要重新製做那些榨乾自己才好不容易製作出來的課程與教材……光想像就令我頭痛不已。

達文西曾說：

「勤勞一日，可得一夜安眠，勤勞一生，可得幸福長眠。」

度過無悔的一天，會因感到欣慰而容易入眠；毫無留戀、盡力而活的人，在死亡面前也會認為自己這一生活得認真努力。

反之，假設是草草隨意、懶懶散散、打混摸魚度過一天，比方說，學生時期，其他同學都在專注苦讀，眼冒血絲，卻只有自己彷彿置身在異次元世界，整天渾渾噩噩，這種時候是什麼樣的心情？儘管嘗試說服自己，「總是會有這種日子，人怎麼可能天天只讀書」？但你一定還是會感到後悔。當其他人全力衝刺、揮灑著珍貴汗水，卻只有自己還在猶豫該不該向前奔跑時，不也曾想過這樣究竟好不好？每當遇見想要妥協的瞬間，請試著想起「米開朗基羅用盡全力所度過的時間」。

在他描繪《創世紀》時，不是耗時四年、每日提筆作畫十八小時嗎？我後來仔細想想，這段時間剛好也是讀到研究所畢業，或取得專業執照所需的時間；就算不談讀書好了，讓一間十坪大小的店鋪從創業到穩定，也差不多需要這麼長時間。

「我為了達成＿＿＿＿＿＿＿＿＿＿＿＿＿＿，
願意付出一天＿＿＿＿＿小時，持續＿＿＿＿＿年。」

像這樣自行設定好盡力的分額，用「只有自己知道的努力」來一點一點填滿。就算不是《創世紀》，至少也能達成「創目的」，因為只要達到自己想要的目的，那便會是創造自身世界的基礎，等這樣的模式反覆循環，就會形成一種固定的內在成長系統，自某一瞬間起，就算不用特別費力，也能朝目標邁進。到達這種境界的力量，是只有自己知道、屬於自己的努力。

任何人都會迎來
讀書是命中注定的那天

在我擔任教師時期，真的有遇過「認真」又「盡力」的學生，他的國中時期比其他人華麗一些，我就姑且先以「東柏」來稱呼這位同學。

之所以在眼鏡上掛瓦楞紙的理由

東柏告訴我，國中時因為家庭氣氛不是很好，所以完全沒有意識到自己為什麼要讀書，學校也是有一天沒一天地去，整日虛度光陰。後來，這名同學遇見了改變人生的契機，幸運地以特殊身分進入一間頂尖學子雲集的自立型私立高中。

據他所言，國中時期因為沒有夢想而整天渾渾噩噩，但是自從上了高中以後，親眼看見那些認真衝刺的學生，才終於驚覺自己不能再蹉跎。雖然看著別人也會自嘆不如，仍希望自己也能變得像其他同學一樣。

自那時起，東柏便開始全力以赴。雖然我指導學生多年，但這孩子是我遇過第一個渾身散發嚴以律己氣息的學生。有次我在指導自習時，被東柏嚇了一跳，因為他眼鏡兩側插著手掌大小的瓦楞紙，任誰看到了都會被吸引去目光。

我問他「那是什麼？」他說是因為不想讓其他東西進入視野，才會用瓦楞紙來遮擋。我問他打算繼續這樣戴眼鏡嗎？他回答：「對，至少讀書時要徹底只有我和眼前的功課，兩者而已。」我聽到的當下瞬間有一種預感，「這孩子一定能成才。」

另外，由於那間學校是全校學生強制住宿的，所以有統一熄燈的時間。熄燈後，就算想讀書也沒辦法。但是東柏非常清楚自己實力不足，若要有所突破，就必須熬夜苦讀到凌晨，所以他很討厭熄燈，只好拿著書到走廊上的感應燈底下讀，讀到一半感應燈自動熄滅，還得揮揮手讓它重新亮起。像這樣盡力又認真地燃燒自己，東柏在成績方面自然達到飛躍性的成長，最終也如願以償進入夢寐以求的大學。

我們是讀書學習的民族

我相信，一定會有很多人說：「我也有卯足全力苦讀過，但是很快就想放棄了。」沒錯，讀書是辛苦的事情，自然會感到痛苦。閱讀偉人傳記時，往往都是以「因為努力所以成功」作結尾，看似簡單，實際上要能熬過那段過程並不容易。

法國浪漫派詩人暨小說家維克多．雨果（Victor Hugo），留下了《悲慘世界》與《鐘樓怪人》等巨著，但是就連這種偉大的小說家也經常陷入低潮。每當他對寫作感到厭倦疲憊，就會脫去衣物、遞給僕人，等到太陽西下再要求把衣服歸還，因為沒穿衣服就出不了門，讓自己不得不整天埋首寫作。

等於是為了擺脫墮落感，就算用這種手段自救也在所不惜。既然世界級的偉大人物都如此了，更何況是平庸無奇的我們。儘管認真讀書也得不到期望的結果時，或者心生想玩的衝動時，一定都會想要選擇放棄讀書。

可是任何結果都有其代價，我們之所以努力讀書學習，不是為了在考試中「一戰成名」，而是為了讓付出的努力得到合理的回報，寫出完全屬於自己的歷史。

我在 YouTube 頻道裡經常上傳的影片之一便是「Study with me」。YouTube 平台上多的是自主學習者鼓舞人心、堅定意志的影片，每當我看到稍有年紀的人看完那些頻道然後留言：「我是現在才開始學習○○」，腦海中就會浮現「韓國人真的是讀書學習的民族」這樣的念頭，因為血液裡根本流著唯有讀書才能出人頭地的根深蒂固想法。

號稱是「大人版聯考」的公認仲介執照，也是要一天苦讀八小時，持續讀兩年才有辦法考到，是難度極高的一門學問。儘管如此，還是有人會利用晚上或週末的上班以外時間，不辭辛勞地在網路上聽講座。

像這樣，假如免不了要讀書學習，不如乾脆把與讀書為伍當成是命中注定。何謂命中注定？就是不論多麼極力掙扎也擺脫不掉。因此，不妨將讀書學習視為躲不掉的命中注定，和東柏這孩子一樣，在眼鏡兩側插上瓦楞紙，專注前行。

有無在人生中留下「用力」苦讀的痕跡，
兩者存在極大差異。

一旦烙下這樣的痕跡，就不會再出現因為他人評價而左右搖擺，或者內心崩潰等情形，畢竟是為人生賭上一切的苦讀，我就是這麼做過的人，只要將下定決心就能達成的那份自信，以「事實」烙印在自己的歷史裡，從此之後就會自動產生自信心。這種人只要不是遇到太大的事情，中心就不易動搖。

不要躲在年齡的背後

「東柏是在正值需要讀書的十世代認真學習，但我都已經年紀一大把了，何必還要讀書？」有時，我會遇到拿年齡作藉口的人。可是，為何要這樣呢？儘管上了年紀，還是一樣要吃飯、洗澡、上班，不是嗎？讀書學習也一樣，「年齡」早已是老一輩的標準了，如今不論和誰初次見面，都已不再是詢問或好奇對方年紀的文化。

現今是由話題群聚或解散的時代，能夠研究並分享那些話題反而變得更為重要。與其躲藏在年齡背後，我更希望各位學無止境，活成符合現今時代的

「智慧年齡」。在這種意義下，我們試著將讀書學習的意義再稍微放大吧！

在講解世界史的時候，我會先從埃及文明與美索不達米亞文明開始比較，尤其一定會提到埃及的尼羅河故事。就好比韓國是以漢江為中心引發派系權力鬥爭，埃及則是以尼羅河為中心。因為不分國界，文明都是沿著江河形成的。

然而，尼羅河定期氾濫成災，雖說聽起來好像一切都會被河水沖刷殆盡，應該不是什麼好事，但有趣的是對埃及人來說，尼羅河的定期氾濫反而是神的祝福，因為土地若要恢復，就會需要良好的營養價值，而尼羅河的河底正好富含這些物質。可想而知，每次只要河水淹上來，陸地就會變得肥沃，埃及人也自然能過上富裕豐饒的生活。

看著江河氾濫反倒成為提升地力的契機後，我不禁心想，讀書學習與人生說不定也存在著這種連結。和氾濫與地力一樣，認真苦讀的經驗或許才是提高

「餘生」的力量。

各位既然誕生成讀書學習的民族，不是應該要至少要擁有一次這種讀書學習的歷史，才死而無憾嗎？這樣還能獲得相信自己的力量，並減少對未來飯碗或老後餘生的擔憂。

試著創造後天性的成功ＤＮＡ

之所以強調不要變得墮落、努力讓自己「盡力」並「認真」是有原因的。學生時期，許多人只要書讀不好就怪罪給自己的基因。基因是先天的，而唯有成功的基因是可以透過後天養成。當你擁有成功的基因以後，不論挑戰任何事情都會成功。比方說，挑戰進入法學院會順利錄取，想換工作也能順利轉到理想的公司任職，自行創業也會事業有成。那麼，究竟該怎麼做，才會擁有這種成功基因呢？

只要帶著一顆堅定的決心締造出理想果實，便會擁有成功的基因。擁有此種基因的人都會口徑一致地表示，自己有預感「這樣做應該就能成功！」那種預感並非來自於自我感覺良好，而是透過自身努力所獲得的成功基因在提示自己，只要帶著堅定無比的心，卯足全力、盡自己所能去努力，終究能成功。

隨著這種經驗累積久了，就會屢戰屢勝，因為實際上不管做任何事，都能看得見自己該怎麼做。

你不會再擔心成敗，

而是一定會有預感，

那就是自己透過後天努力所獲得的成功基因。

因此，讀書學習時，千萬不要帶著安逸的想法試圖擺脫當下，反而應該要試著徹底投入、全力以赴，達成那件一心想要完成的事情。當成就的快感、成功的經驗累積堆疊，各位也將擁有耀眼的成功基因。

先開始再說
也是一種才能

你知道嗎？不只是十世代，二十、三十世代也是，我們都擺脫不了數學放棄者的痕跡。明明考完聯考就該脫離數學的泥沼，但我剛才說什麼？不是數學放棄者，而是「數學放棄者的痕跡」。雖然數學已經離開自己，痕跡卻依然留在我們身邊，每當遇到困難時，就會發揮它「輕易放棄」的力量。

放棄與失敗的差異

後來，多益成績、戀愛、結婚等關係問題開始占據數學的位子，只是換個名字而已，延續「放棄的人生」這點依然相同。我想要用力告訴各位，「倒不如失敗吧！失敗都比放棄來得好。」

許多人會把放棄與失敗放在相似的基準上去理解，其實兩者是全然不同的概念。假如放棄是尚未站在出發線前、或者嘗試了一點點發現應該不行所以立刻收手，那麼失敗就是雖然通過了終點線卻沒有得到想要的結果。

人們通常會用負面眼光來看待失敗，但我的想法不太一樣：至少失敗是熱血的。雖然結果是失敗，但針對特定過程、從一開始到結束都有經歷過的人，會知道這段過程的熱血。

單純從表面來看，輕易放棄的人看似瀟灑，總是一副無所謂地說著：「反正也不可能成功，何必堅持到最後？」聽起來極其現實也犀利，但這其實只是在裝酷而已，等於沒有熱血的勇氣，缺乏就算失敗也想要跑到終點的自信。有無嘗試走到終點的那股熱血勁，兩者是全然不同的人生；況且，假如從「完跑」的觀點來看，失敗其實就和成

功沒兩樣。

就算我不行，大腦也可以

當你養成了放棄的習慣，明明是站在自己的機會面前，也會變得猶豫不決，將機會拱手讓人，於是就只會一直得到「零」的數值。零就算乘以一百也還是零，不會累積任何東西。

至少先開始，「不論如何變成一」才是重點。因為一乘以十就是十，乘以一百就是一百。帶來成果的速度是根據多快從「零」變成「一」而定，這點請各位一定要銘記在心。

自起跑的那一刻起，各區間的感受一定不盡相同。站在起始線前，可以將整座運動場盡收眼底；奔跑的過程中會覺得「只有一開始有點害怕，真的開始跑又覺得沒什麼」。抵達終點線時，會相信「至少有跑完全程，這樣也就夠了。」

這是要親身經歷過才會有的領悟。假如因自己過度慎重而錯過時機點或是想放棄，我會建議各位試著更改順序。

調整成先做再說，而不是等徹底準備好才跳進去，因為這將使被稱作「補償與開始之腦」的伏隔核（nucleus accumbens）變得活躍，進而創造出「最初的一」。各位可以理解成，隨著「先做再說」而提高的專注力，大腦的神經細胞會勤奮工作，不論如何都要將事情彌補縫隙、做好收尾。

或是想像成是跑百米，可以更容易理解。一開始是死都不想跑，一旦出發就硬著頭皮也要跑完。開始或執行也是，所以才會描述大腦伏隔核為「先開始再說，一旦開始，專注與補償機制將隨之生產」，簡稱「開始之腦」。

當你需要挑戰、負責某件事情時
儘管你不相信「自己」，也請相信「大腦」。
開始之腦將會引領自己。

想要成為只有條件好的迷你燕山君[3]嗎？

歷史中不乏這種例子，比方最具代表性的世宗大王與燕山君。太宗李芳遠在登基之後展現了強大的領導力，由於登基時缺乏正統性，他不想把這樣的缺憾傳給下一代，所以選擇將正宮的長子讓寧即早冊封為王世子。

3 朝鮮王朝第十代君主，一四九四年至一五〇六年在位。是繼端宗之後，朝鮮王朝史上第二位廢王。後文中提到的「登基正統性」，是指滿足兩種條件：一、母親必須是正式王妃；二、必須是長子。

然而，讓寧的表現又是如何？他絲毫不顧為他鞏固權力、替他提高正統性的父親，也不展現國王的資質，被公認是「流氓世子」。太宗不得已，只好廢除讓寧的世子之位，改冊封最傑出的老三忠寧大君為世子。忠寧不僅一夕間成為世子，還在五十二天內登上王位，創下朝鮮史上接受王世子教育時間最短即上位的國王。

忠寧成為國王以後，難道就從此開心幸福嗎？不，他一定感到錯愕又害怕，畢竟是最沒有做好準備的國王。而忠寧大君正是光化門廣場上的那位世宗大王。

他是個怎樣的人呢？不僅「創造之腦」的前額葉發達，「開始之腦」的大腦伏隔核也同樣發達，屬於全天候全腦型國王。而這位國王在哪些領域創下佳績，應該就不用一一列舉了。他不分領域，凡事都先做再說，沒有展現絲毫的猶豫。

平時的我也是奉行「條件固然重要，但並非一切」的思維，而看見世宗大王的故事後使我變得更加確信。因為這位國王是在毫無準備的情況下登基，成為一名聖君，但是反觀燕山君，雖然有著正宮長子的正統性，甚至還接受了長達十二年的世子教育，以條件來看絕對是朝鮮國王當中最優秀的，可是結果如何？就只是條件不錯的國王，僅此而已。

俗話說，歷史會重演，世宗大王與燕山君的例子在我們周遭隨處可見。有些人是含著金湯匙、衣食無缺地長大，卻帶著無法滿足家中期待的標籤，徬徨迷惘；反之，也有人是在不夠寬裕的環境下成長，卻開拓出屬於自己的人生道路。前者是什麼？是只有條件很好的「迷你燕山君」。期盼各位就算條件不夠優秀，也請一定要創造出屬於自己的條件，成為能夠對社會有所貢獻的「迷你世宗大王」。

將想法轉換成行動的下切法（Chunk-down）策略

假如要成為迷你世宗大王，我們該怎麼做才好呢？既然都已經聊到開始、執行、先做再說等相關主題，以下內容也一併探討應該會很不錯。

當我們提及開始或執行時，伴隨而來的策略便是「上堆法」（Chunk-up）和「下切法」（Chunk-down）。Chunk 本來是一整塊的意思，於後方添加 up 和 down，其意義就會徹底改變。

首先，上堆法是非常廣大的概念，比方說，「我是誰」、「為何要工作」、「人生規劃是什麼」等普遍的上位概念；反之，下切法則是個別且很小的概念，為了登山，要「選定好地點」、「收拾好行囊」、「做好符合登山行程的準備運動」

等，能夠付諸行動的小碎塊。

假如不曉得該從何開始，就要先檢視一下自己是否只停留在上位概念。雖然設定大課題也別具意義，但是為了讓那項課題變成現實，安排相對應的下切法更加重要。

世宗大王難道從一出生就是聖君嗎？他可能天資聰穎，但要是沒有一個階段、一個階段地走，應該也當不成聖君。他是靠一點一滴累積起來的結果，登上聖君的行列。

如果是這樣，我們是不是也可以嘗試先從每個階段所面臨的課題轉換成實際行動開始，不用到成為聖君，但至少可以得到自己嘗試且努力的結果，而這也是前面所強調的、從「零」轉換成「一」的方法。

假如要更切身體會的話，就好比有人終於考過需要苦讀多年才有辦法考過的考試，他一定有該科目所需的教科書第一頁；登頂也是，要是沒有朝前往該處的「第一步」，就不會有「抵達山頂的總步數」。

各位務必要記住，能使各位成長的價值並不在於遙遠未來才能見到的「一百」，而是邁出第一步時就已經開始計分的「一」。

完美主義
是決定不做任何事

假如我說：「不要把該做的事情整包丟在那裡，分成細項從一號開始一件件處理。」就會有許多人哭喪著臉回答：「老師，可我就是沒有辦法做到這點。」

- 坐在書桌前攤開書本第一頁
- 安排登山計畫邁出第一步
- 為了煮飯而先備菜
- 為了運動而先將運動鞋帶繫好
- 填寫入社志願書第一行

這些事情看似簡單，真要執行的時候反而容易心想：「好不想做喔，還不趕快把動作停下來！」於是心理將身體推了開。雖然一定有各種理由，而且不禁讓人推測，可能是連完美主義也難以忽視的理由。

身為曾是完美主義者的一員，若要說出實情，完美主義其實是「開始的敵手」，使人在跨出每一步時都需要承擔非常大的負擔與努力，而大部分在這個中心的時候，都會對自己抱有高期待。

完美主義的陷阱：設定不切實際的目標

各位可能會認為，理想與期待不是設定得愈高愈好嗎？真是這樣嗎？請容我為各位解釋一下，這麼想為什麼會成問題。假設現在的我要進行A課題好了，我會按照自己想要得到的成果、對自己的期許、想要向他人證明的結果來規劃……反而與課題本身都沒關係。而身心的狀態呢？會因為需要滿足那麼多條件而倍感壓力，使邁出去的每一步都變得格外沉重，身體也變得僵硬，告訴自己「算了，還是去睡覺吧」，於是直接埋進沙發或床裡。我們稱這種人為「懶惰的完美主義者」——既然達不到完美，不如不要開始。

在此，要不要先來做個自我檢測呢？先對自己拋出以下問題，掌握自己的性格傾向。

你有額外需要解決的課題嗎？
還是只有到達實現該課題的「帥氣自我」境界？

坦白說，有段時期我也曾陷在完美主義的陷阱裡拚命掙扎，印象中是在大學二、三年級時達到最顛峰。由於務必要領到獎學金，需要比準備聯考時還加倍努力。

「要是這次沒考第一，知道會有什麼後果吧？」「為什麼沒能仔細整理？」「為什麼只會用這樣的觀點去解讀史實？」我不斷把自己逼上懸崖，想像我對自身的期待、他人對我的期待，並且對抗這些假想敵，對自己狠毒的程度是要我再重頭來一遍肯定辦不到的。

後來隨著研讀教育學以後，才得知原來這種情況分別叫做神經質型完美主義（neurotic perfectionism）與社會導向型完美主義（socially prescribed perfectionism）。

- 神經質型完美主義：對自己的期待過高，執著於不切實際的目標。
- 社會導向型完美主義：認為他人會對自己有很高的期待與嚴格的評價，執著於滿足他人的期望值。

尤其兩者很容易同時出現。現在的年輕人大部分都是接受家庭的期待或全面性的支援長大，整體來說（雖然口頭上不承認）都對自己的期待偏高，也身處在自然會過度在意他人對自身期待的環境當中。

與此同時，社群平台的影響力也不容小覷。將 Instagram 上展示的高標成就當成是平均標準來衡量自己，這種風氣也會強化完美主義，「原來要做到這種程度才行」、「讀完留言，我覺得自己也能做到」於是將自己推向完美主義那一邊。

像這種時候，我會建議以下三種方法。

設定社群平台離線日，以及挑戰中階目標

第一，在比較容易敏感的時間點，好比錄取日公布前幾天，請遠離社群平台，即「社群平台離線日」（SNS off day）。不論多麼不想在意，也絕對不會像說的那般簡單。至少在意識社會導向型完美主義的環境裡，要能夠自由才好。

這麼做就不用登入社群平台，擔心自己的成果承受他人評價了。

我們不能調整對自身的期待，但可以改變環境、調整其他人對我們的期待，至少在兩者當中要擺脫其一，才能讓自己喘口氣。

第二，找出中間難度的目標，並記下來。這個方法有助於重新調整對自己過高的期待、使它比較符合現實。

然而，這裡千萬不能誤會的一點是，即便強調要設定可實現的目標，不代表就可以選擇過於輕易的題目。建議最好設定比現在自身程度高一、二級，也就是約莫四到五級難度的項目為目標。當你養成思考中間等級的目標並加以記錄的習慣，自然就能把許多人為之苦惱的「選擇的力量」培養起來。

為什麼我們會有選擇困難？因為茫然、不知道能怎麼做。倘若能客觀做選擇，從以往既有的當中挑選，也就是有選項的選擇，那倒也還好；反之，沒有任何選項，要從準備範例開始的主觀設定選項，就很讓人崩潰了。

像這樣準備選項並設定中間等級目標的過程，幾乎可視為是一連串的行為。

➤ 英語學習：與其一開始就挑戰托福（TOEFL）或國際英美英語教學雙證照（TESOL）證書，不如將目標設定成多益（TOEIC）六百至七百分。這裡，多益考試是中間等級目標，也是現在自己該選擇的履歷條件類型。

➤ 登山計畫：假如已經爬過社區小鎮的後山，那麼，與其設定攀登漢拏山或雪嶽山，不妨設定清溪山或南漢山城中的初學者入門路線，這會是中間等級目標，也是各位該選擇的下一階段目的地。

只不過，與其停在這裡，不如把剩餘的挑戰次數也納進計畫之中。為了將完美主義的陷阱變成成功巡航的錨，要盡情允許自己有「失敗的權利」。

我總是好奇，為什麼各位在擬定某項計畫時，往往只願意給自己一次機會呢？我們每個人在面對某件事情時都是初學者，那麼，至少要給自己二、三次，甚至是十次機會才對，不是嗎？就是因為只給自己一次機會，才會把力氣統統用在要將事情安排得幾近完美上。然而，除非你是神，不然怎麼可能在一、兩次內就能成功？

再說說關於中級目標好了。以挑戰清溪山初學者入門路線為例。

➤ 清溪山初學者入門路線挑戰

➤ 三次機會

前面一、兩次可以只爬到山的中間就好，爬累了就打道回府。這並非失敗，因為還有機會。就算在初次挑戰的過程中，沒有爬到自己理想的高度，重要的是別想成「挑戰終止＝失敗收尾」，而是想成「三次機會當中只失敗一次而已，還剩兩次機會」，刻意讓自己與還不錯的結果相遇，因為只要透過下次機會、扳回一城即可。

尤其，分批挑戰多次有其重要性。「上次從一開始就衝刺，所以馬上就累了」、「山的坡度比想像中還要陡峭，這次要記得帶一根登山杖」可以像這樣從先前的失敗經驗中獲取教訓，變成是通往成功的石橋，我稱之為「創造式犯錯文化」，而這也正是擺脫完美主義的第三種方法。

創造屬於自己的「犯錯文化」

閱讀法國哲學家沙爾・貝班（Charles Pépin）的《失敗的美德》（*Les Vertus*

de l'échec），會看到這段話：「我們因為犯錯文化尚未發展純熟，所以會將失敗與失敗者混為一談，將失敗絕對化，並視之為本質。」而我在讀到「犯錯文化」這四個字的時候，忍不住多看了它們幾眼。

只不過是失敗一次而已，就以為再也不能踏入那個世界一步，任誰都會變得小心翼翼、裹足不前，受困在完美主義的陷阱裡。尤其在韓國這種凡事追求第一、在失敗面前無比嚴格的文化裡更是。

就只是做了一次嘗試而已，卻彷彿犯下不該有的失誤似的，每個人都大驚小怪。這樣的文化或社會結構儘管沒有辦法立刻改變，我們卻可以試著改變自身的世界觀；至少要做以下這幾件事。

- 我在嘗試某件事情時，願意再給自己一、兩次機會。
- 失敗的另一個名字是開始。

- 失敗與失敗者是兩回事。
- 完美主義是連開始都不願意的不良決心。
- 比起上傳到 Instagram 上、那些屬於他人的成功，線下親身經歷過的失敗反而更有價值。

請大家自行製作類似這種的犯錯文化目錄，這將幫助你從完美主義的陷阱裡重獲自由。

最重要的是：隨著犯錯文化愈漸成熟，各位的人生不僅會擁有豐富多彩的經驗，身邊也會招來許多貴人。

為什麼呢？因為當你願意對自己的失敗與犯錯寬宏大量時，也會更懂得包容他人。能做到這麼了不起的事、猶如花一般的各位身邊，蝴蝶和蜜蜂自然會不請自來。

比起一生，日常更重要

「我應該怎麼做才能活出成功？」

這是我經常被問到的問題之一。每次收到這樣的提問都很苦惱，不曉得究竟該怎麼回答好。它是很常見的問題，給出一針見血的答案卻很不容易。

成功的秘訣存在於日常當中

然而，在我收到這樣的提問到了第十年左右，我才終於有辦法作出回答。

比起一生，日常更重要。

大家都認為，成功是取得了不起的名聲或賺取天文數字的財富，就算沒闖出名堂，過著衣食無虞的富裕生活，應該就是韓國人所認為的成功。假如是這樣的話，各位就要把「日常」想得非常重要才行，因為我們每天早晨睜開眼睛迎接的「日常」，並不是天上掉下來的。

我非常喜歡看網路漫畫，每週都會看一集免費的，但往往因為好奇後續的故事發展，決定付費看下一集。這讓我有了一次神奇的體驗。

某次，我看到網路漫畫網站上正在舉辦免費試閱的活動，一想到不用花錢，我就變得不那麼慎重做「選擇」，就算挑到無聊的漫畫，也只要再免費點選其他的來看即可，而且還讀得很草率；付費時，反而是一集一集反覆地重讀，非常珍惜……我想這中間的差異，就是需不需要付出代價。

然而，我們對這些代價有著很錯誤的認知。仔細思考就會發現，我們度過的每一天，即日常，是人生所提供的寶貴時間，卻猶如可以免費看的網路漫畫一樣被我們糟蹋、浪費掉了。

畢竟人生並非某天突然一夕之間完成，而是由今天的總和、日常的累積所形成，然而，為什麼我們會大概度過「日常」，卻期待「人生」會有所不同？明明日常其實並非免費提供，而是賭上自己人生所度過的重要時光。

美國的勵志書作家約翰．卡爾文．麥克斯韋（John Calvin Maxwell）也曾說：

「只要不改變每天做的事情，你的人生終究也不會有所改變，因為成功的秘訣隱藏在你的日常當中。」

因此，與成功為伍的時間單位，請以日常、今天、一天來設定，這便是我想出來的成功第一原則。

請檢視自己的每日行程

那麼，該怎麼做才能把日常過得別具意義呢？要創下了不起的業績嗎？當然不是。不妨先將自己的一天放進計畫表裡。現在我們的目的是掌握日常而非人生，沒什麼比加以記錄更能有意義地過好一天。

每天填寫是基本，每日計畫建議最好前一天填寫。為了方便各位參考，我將自己的計畫表作為範例放在這裡；乍看之下各位可能會認為「沒什麼差別啊，和平常看到的計畫表沒兩樣」，但其實仔細看還是會發現一些差異。

首先，各位是否會好奇表格中的**級別**是什麼？其他項目可能大概看看就能略知一二，但**級別**可能不好猜測。由於我的一天要做許多事，所以會將行程分類，當每件事情被分類成A級、B級、C級，行程的特性與重要性就會一目了然了。

李多志的行程表

該做的事項			當日行程		
達成	級別	該做的事		時間	**Do List**
○	A	世界史第三週習題解答	上午	6:00 - 7:00	晨跑、Q&A、留言板管理
○	A	模擬考試題開發		7:00 - 7:30	通勤
×	B	決定椅子與照明燈		7:30 - 9:00	化妝
				9:00 - 11:00	重看去年的演講（第 6、7 講）
				11:00 - 12:00	重看去年的演講（第 8、9 講）
			下午	12:00 - 13:00	吃飯
				13:00 - 14:00	重看第 10 講
				14:00 - 18:00	準備簡報
				18:00 - 20:00	世界史第三週拍攝
				20:00 - 20:30	通勤與休息
				20:30 - 24:00	洗泡泡浴、就寢
早晨日記			傍晚日記		

A級自然會是當天的核心行程，建議按照各級別填入要做的事項。將屬於A、B級的事統統填入後，再分成上午、下午來記錄當日行程，以此作為基礎、設定計畫即可。關於這件事也有許多人提問，所以我另外整理出以下重點，供各位參考。

Q. 計畫的量：一天該安排多少行程？

A. 一開始安排計畫時，應該會對於該從什麼寫起感到茫然無助，煩惱該粗略設定還是緊密編排，我的答案是：假如自己能夠做到的計畫量是「十」個好了，那就要設定得比「十」再多一點點。

因為我發現人的心理就是如此，把計畫安排得寬鬆也未必會遵守，有時還會留下「原來我是連這點計畫都遵守不了的人」的印象，對自己失望；反之，也有人是好不容易才能達成「十」，卻認為目標應該要設定得遠大，所以安排到二十。一開始安排計畫就不夠現實，自然難以達成，迎來每天過著計畫無法達標的人生，一旦循環，就容易陷入無力。

為了不讓這種事發生，累積「小成功」很重要。請將計畫設定得比自己能夠達成的量再多一點點就好，達成時的成就感絕對會非常大。

Q.細緻程度：行程表要安排得多仔細？

A.因人而異。我是把時間細分成好幾小段，比方說，假設自己有三十分鐘左右的移動時間好了，這時要是我不開車，就可以將世界史試題解答納入計畫當中。

尤其在安排計畫時，最好將移動（通勤）時間和娛樂放鬆時間也都納入。假設所有行程都在晚間十點左右結束好了，之後就會是休息時間。倘若會在這時看電視，就都放到計畫裡——請記得把娛樂時間看得跟工作或專注讀書的時間一樣重要。

Q. 每日例行行程：雖然沒有急迫性，但仍需維持的行程，這種該如何是好？

A. 這也是我經常收到的問題——當然要納入計畫。我的這類行程包括了運動和管理 Q&A 留言板，尤其後者是每天早晨都會做的事情。由於是在線上上課，所以留言板上會有許多提問留言。我通常會在上班前六至七點之間消化它們，而這些活動被我稱為「早上的例行公事」（Morning Routine），像這樣變成例行公事以後，就不用再刻意騰出時間來，反而更有效率。

Q. 計畫單位：計畫該以什麼時間單位來擬訂才好？一天、一個月、一年？好奇計畫的時間單位。

A. 這部分因人而異，我會以「年單位↓月單位↓週單位↓日單位」來分配，並擬訂計畫。希望各位可以給自己一個目標：五天都要填寫，一天也不能漏掉。光是達成這點，就能拉近設定計畫的距離感。

Q. 初次投入讀書學習時：我打算挑戰報考公務員，但是當我不曉得會花多少時間讀書時，該怎麼做才好呢？

A. 之所以會問這個問題，是因為尚未做好擬訂計畫並履行的訓練。在我們讀書學習的過程中，會逐漸抓出複習一項科目需要耗費多少時間的雛型，這個只有自己才知道。先確認自己幾小時內能夠專注多少頁，再以此為依據、嘗試加以分配，我們稱此為「後設認知」。後設認知是一種教育學用語，展現調整知識與量的認知能力。只要試過幾次便會有所心得。

不過此時最重要的是掌握撇除吃、睡等時間，純粹集中專注的時間總量，如果有十小時就十小時、五小時就五小時；掌握絕對的量以後，再以此做分配，就能大略抓出一個輪廓。

Q. 難以遵守的行程消去法：儘管已經竭盡全力，仍出現難以遵守的行程的話，該如何是好？

A. 當然有可能出現這種變數或變動，這任誰也無計可施。儘管如此，建議還是設定好沒能遵守時的原則。以我個人為例，一定會安排一段自我評價的時間，因為填寫行程表並非為了樹立計畫，而是為了「遵守」。為了讓自己能夠遵守，需要某種程度的強迫性才行。

我每次只要結束一天的行程回到家，就會打開行程表開始確認。用紅色標示有確實遵守的行程、藍色標示未能遵守的行程。為了消化掉這些藍色計畫，我會再另外空一天出來執行，通常是利用週末時間。假如不喜歡像這樣拖延、週末只想休息，選擇別天再來消化行程也無妨。

日記：儘管是「小小」的我，
也能「大大」去愛的力量

前面已經帶各位認識如何運用行程表度過充實一天的辦法，接下來這章將介紹日記的運用。

試著改變日記的概念

各位看李多志的行程表下方，會發現有日記欄，是不是有分早晨日記與傍晚日記？其實還有另外一個日記叫週一日記。我將日記總共分成早晨、傍晚和週一，接下來，我將為各位介紹怎麼寫日記。

日記可以富含意義，卻不能有負擔，這才是核心重點。

說到日記，大部分人會認為要開始正式寫點什麼。其實一旦開始這麼想就會有壓力起來，變得什麼都不想寫。從有壓力的那一刻起，就很可能變得不是李舜臣將軍的「亂中日記」，而是路人甲的「延後（再寫也可以的）日記」。

絕對不能把寫日記當成一份工作，「多吃蔬菜」、「感謝沒有運動偷懶的自己」這種內容也可以成為日記的題材。雖然有些害羞，我還是帶來了曾經在影片中也公開過的日記本。

早晨日記通常是在早上起床後喝咖啡時書寫的，往往只會寫一些簡略的關鍵字，像是「完全的專注力」、「對日常心懷感謝」。被拿來當作範例的那天，早晨日記上寫著「專注於可改變的事物」。可以想見，應該是前一天太執著於某種難以改變的事物。

接下來是傍晚日記。當一天的行程結束，我會給自己一段時間、重新回頭檢視當日，順便寫日記。通常這時候寫的都會比早晨來得感性許多。這時寫日記同樣不能有壓力，只要把日記內容控制在五行以內，就可以沒有壓力、溫暖地結束一天。

此外，傍晚日記我會盡可能以擁抱自己作結尾。我也是人，有時候也不容易做到這點，這種時候，隔天一早寫的早晨日記可能就會比較長一些。

早晨日記

To. 早晨的多志

我要找回

★專注於可改變的事物

★完全的專注力

★對日常心懷感謝

現在感謝

★家人健康

★自己儘管在絕望時還能保持笑容

傍晚日記

To. 入睡前的多志

今天比較沒有空閒時間。

先專注在自己能夠改變的事物。

雖然現在亂糟糟的，但你還是有全力以赴。

不要強迫自己去做什麼，也禁止自責。

最後，週一日記比較像開啟一週的儀式，內容也會偏迎接新的一週所下定的決心，或者該週一定要從事的休閒活動，沒什麼事的話就會對自己說一些好話，有特殊事項的話就會以行程為主、留下記錄。

週一日記

To. 展開全新一週的多志

週六真的有好好休息，
週日用上好的食材來煮飯、健康吃，還畫了畫。^^
既然身心靈都充飽電了，
就來為心愛的學生們
準備光聽就會幸福的超棒講課吧！

本週任務

★ 和朋友一起買菜煮飯
★ 布置書房
★ 運動

寫日記的意外效果

日記寫了多年，周遭的人有時會問我：「學生們接近聯考時，你也會變得非常忙碌，為什麼還要堅持寫日記？」等於是在問我，為什麼連寫日記這種事都要這麼認真。

其實主要是因為我每天從凌晨四點忙到傍晚十點，所以有時候會覺得自己很像高三的準考生。明明高中畢業都已經是多久以前的事了，每每做惡夢還是會夢到聯考的場景，於是我有了一個念頭。

「說不定是自己太向未來看齊，其實昨日、今日也都是我的寶貴人生，有沒有什麼方法可以將它留住呢？」

所以我想到寫日記這個方法，也因此，我才會對於因日常忙碌而想要跳過寫日記持反對意見：愈忙碌才愈需要寫日記，有些事情稍微延後處理也無妨、稍微疏忽也無妨，但是當你沒做到這些事情時，忙碌不能夠成為免死金牌。

雖然現在是「只知道工作的李多志」，但遲早有一天會變成「除了工作以外的李多志」，而到了那時，要是能給自己的東西都很薄弱，感覺會很落寞。以職場全盛時期為基準來看的話，我希望不分前後，都能在人生中有個永恆不變的價值，對於某些人來說可能是旅行或運動，對我來說則是「寫日記」。

作為一名寫了二十年日記的人想要分享的是，就算是非常細微瑣碎的事情，也要統統記錄下來，久而久之，你會視「專注小事的自己」如「順利完成大事的自己」般珍貴。

我們會在有意無意間差別對待自己，我看著學生們也時常有這種感受，雖然總是將自尊感掛在嘴邊，但實際上都是自己在差別對待自己、排斥不甚滿意的自己，用這樣的方式消磨掉「平均自尊感」。

假如能愛「小小的我」如「大大的我」，不論面對任何情況，都不會動搖。

因此，請對待「多吃蔬菜的自己」如「認真讀書工作的自己」般珍貴，這是李多志能向各位保證的日記效果。

假如第一次不曉得究竟該在日記上寫什麼，我這邊有個建議可以提供各位參考。

- 「昨天」有特別發生什麼好事嗎？
- 「現在」是什麼心情？
- 「明天」將會是多麼美妙的一天？

可以試著回答以上這三個問題，透過寫下昨天、現在、明天的事情（do list）、感受（feeling）、計畫（plan），就能有三種不同時態；當你開始思考這些事情，便自然而然不會再將幸福推遲延後。

「就算這樣的我也無所謂！」

對自己說的最後一句話

永遠都要往好的方向才行。

4

當你看不見答案，感覺人生跌落谷底時

不被負面的自己打敗

牆壁成為「高牆」的要件

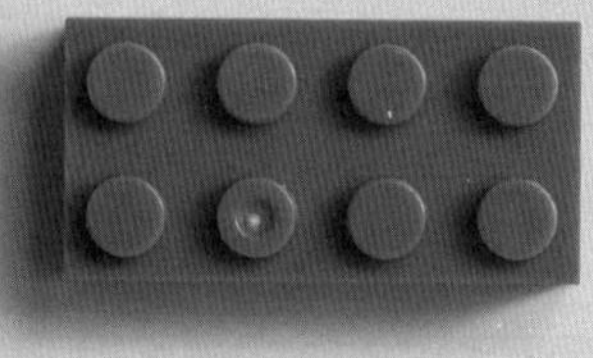

對韓國人來說最困難的事情之一，莫過於做選擇與做決定，我自己就是如此。只要面臨需要做選擇的情況，腦中就會立刻浮現「要是有人能代替我做就好了」的念頭，頭腦彷彿要炸開。

都已經很辛苦了，假如連選項都沒有一個是樂見的，那麼自那時起就要有心理準備當聖女貞德，因為一定會聽到來自四面八方的各種勸說，告訴你「不要走那條路，重新想想吧」，動搖你的決心。我們已經要與自己所選的人生方向搏鬥，假如還要和身邊的人爭論辯駁，自然是會感到身心俱疲。此時，不妨給自己一段獨處時間，問自己以下三個問題。

- 問題一：是在說別人，還是在說我？
- 問題二：是別人設立的高牆，還是我設立的？
- 問題三：是這世界放置的障礙物，還是我默許它存在的？

每個人的回答一定都不盡相同。假如「那條路危險，千萬別走」這句話是在講給別人聽，同時也是在說給自己聽的呢？這時可能會慶幸眼前有那道高牆吧，因為不是受周遭的言語干擾，而是各位自己想要只走到那裡就停下來；這種時候選擇暫停止步、重新思考是正確的。

假如不是的話，是真正想走自己的路，不妨將周遭的閒言閒語統統消音處理，用心專注傾聽自己的心聲就好。因為人生在世，實在很少有機會能跟隨那種充滿確信的話語。

「李多志老師從小就已經選定人生方向，自然是沒什麼煩惱吧。」

有些人可能對我會有這樣的誤會。各位，我也是韓國人，怎麼可能不受來自東西南北的干擾，就連已經確定好人生方向的我，都是一邊受左右干擾，一邊緩慢向前爬行罷了。

我所遇見的三道高牆

老實說，儘管是看起來充滿自信的我，也曾有過幾次受困於他人所設高牆的經驗。

第一道高牆是高三那年出現的「專攻之牆」。當時學校在調查升學志願，要了解學生們想選填的科系；我喜歡歷史，在第一志願欄裡就填入歷史學系並提交出去。結果班導師看到後說：「歷史系？你讀這個系將來保證找不到工作，要餓肚子的。」我從小就很喜歡歷史，毫不猶豫地填了歷史系，卻被當時對我來說頗有份量的長輩反對勸阻，不免還是曾短暫猶豫了一下。「難道應該選畢業後容易就業的企管系來當主修科系，輔修歷史就好？」儘管腦海也浮現過這樣的念頭，最終我選填的第一志願依舊是歷史系。

一旦自己確定想做某件事，也明確知道自己想要往哪個方向走，那麼，不論周遭有任何意見，那些聲音都不會跨越那道牆來干擾到自己。假如真的被干擾，就很可能不是因為「別人的意見」，而是因為自己沒有「定見」，建議最好重新思考看看。

下一道高牆則是在我人生輝煌期迎來的「離職之牆」。在我畢業於梨花女子大學歷史系，跳進就業前線那年，正值美國發生次貸危機，社會新鮮人要能找到工作簡直比登天還難，而我卻很幸運地直接收到證券公司的錄取通知。當時我年僅二十三歲，還很年輕。

等於是初入社會就進了位於六三大廈的證券公司。凌晨出門去上班，透過落地玻璃窗看著漢江，彷彿自己是世界的中心，我也有過這段愛慕虛榮的時期。可是在我心中仍有另一個聲音不斷在拉高分貝，用力壓過了這份虛榮。

「李多志，你現在幸福嗎？怎麼變得這麼愛慕虛榮？」是啊，我的確沒有任何一刻感到幸福。在顯示著美國股市、韓國股市、韓元美金匯率、債券利息畫面的四台螢幕前，我忙著想像：「要是能用這種方式教歷史，一定也能教得很好吧。」

過了兩年這種「表裡不一」的生活，我發現內在已經快要腐爛，決定不能再繼續這樣下去，於是向公司遞了辭呈。除了父母，周遭所有人都投反對票。朋友、公司同梯組員紛紛勸我好好重新考慮，我卻不聽，最終就連本部長都特地約我到雙和湯傳統韓國茶專賣店，要跟我促膝長談。

「李主任，你知道最近多難找工作嗎？其他人是想進來都沒機會，你可是以正職身分在上班呢。」

「是……」

「而且你現在是已經考上教師任用考試了嗎？假如是的話，我自然會放手成全，但你現在是打算離職去準備考試，不是嗎？說好聽是讀書，講白了就是選擇當無業人士。假如有什麼要求，倒不如向公司提出，我可以透過公司體系來幫你解決。重新考慮一下吧。」

「……」

那天，茶杯裡的蛋黃顯得格外玲瓏，猶如金黃色的滿月，在那當下，我發現自己的臉龐倒映在那顆蛋黃上，因為我一直低頭目不轉睛地盯著它。

當時，我無從反駁本部長說的話，因為站在他的觀點，這些話都事實。儘管如此，我仍選擇離職，假如無業生活是成為教師所需付出的必要代價，那我甘之如飴，而且站在我的觀點來看，這樣的選擇也是正確的。

而我人生中最高的一道牆就在後頭，也是最後一道高牆，那便是「恐懼之牆」。離職一年後，我成為全國單位自律型私立高中的正職教師，接著我為自己設定了三個目標。

- 參與教科書撰寫工作
- 在 EBS 電視臺講課
- 累積聯考出題機構「教育課程評價院」相關經歷

我當時的目標是期許自己在教職這條路上不要當個安逸的教師。後來我咬緊牙關、努力耕耘，結果真的有幸參與了教科書撰寫、上 EBS 電視臺講課、幫忙審定教育課程評價院所檢修的教材。

正當三項目標逐一實現之際，我收到了來自網課界的邀約，詢問我有沒有意願轉戰補教業，直面散布在全國各地的學生。各位不妨試想一下，這時我身邊會出現哪些反饋？會鼓勵我「既然你喜歡挑戰，當然要試試看」嗎？絕對不會。甚至就連當初沒有反對我離開證券公司的父母，這次也投下了反對票。

大韓民國男女老少人人稱羨的「退休福利保障與年薪所帶來的穩定性」是他們反對的理由。婉拒這些優渥條件，一頭栽進競爭激烈的補教業，自然會覺得女兒根本是在賭博。儘管如此，我仍相信自己的選擇，那並非自信心爆棚，而是一一擊破別人所設立的高牆所修煉而成的「內在自信」，將我推向冒險世界。

我也曾為這個決定苦惱良久。但能夠用屬於自己的教材與課程自由講課，實在很吸引人，心裡也相信一定能成功。其他人可能不知道，但我自己很清楚，這世上沒有人比我還認真，那我就一定能成為頂尖。

我自己最清楚知道想走哪條路

隨著時間流逝，驀然回首，我發現高牆其實只是別人設下的。但是各位知道，那些高牆何時會發揮影響嗎？就是自己也承認的時候。在你承認的那一瞬間，就算那道牆的高度比膝蓋還低，也絕對會跨不過去。試問各位一個問題：假如你承認自身極限，那人生還剩下什麼？有再多的種子又有何用？又沒有願意為種子澆水、栽培的自己。

倘若當初選擇與高牆和障礙物妥協，那麼我就不該投入教師任用考試，就算不適合，也該繼續待在證券公司工作才對，更不該攻讀根本找不到工作的歷史系。但要是這樣的話，我就永遠沒有機會感受到和學生們四目相交、講課上課的樂趣了。

一旦承認別人在你面前設下的是一道高牆，
自那一刻起，你的一切可能性將統統關閉。

這時，不能怨天尤人或者怪罪整體大環境，因為是自己選擇了「牆」而非「門」。

想要過更好的人生、從事自己想要的工作，取決於要不要推倒眼前的高牆，而這個權限只在自己手上。我希望日後可以聽見各位對我說：「當時說的那些高牆我也成功推倒了。就是想起李多志老師說的故事，才有辦法堅持。」

請勿忘記，我總是用真心在為各位的挑戰加油打氣。

內心出現黑洞的日子

我從二十歲後就再也沒有向父母拿過一毛錢，大學註冊費統統都是靠獎學金和打工解決。我相信一定沒有學生比我還要了解，為了領到社會福祉獎學金，需要備齊哪些資料文件遞交到系主任那邊、要經過多少複雜的程序等。但那時我實在非常想讀書學習，也非讀不可，就算要做這麼多繁瑣的事情也在所不惜。久而久之，這可能也成了我的習慣，在準備教師任用考試時也是，我靠著每月僅有的三十萬韓元生活費，度過那段「苦讀生活」。

當時就連自修室的費用都捨不得花，便改到圖書館讀書。常駐在圖書館裡的人一定都知道，每個樓層都會有幾個固定的好座位，比方後方有窗的座位，窗口還會吹進徐徐微風，這種位子我就非常喜歡。那天也是一如往常地凌晨起床，綁好頭髮，穿著露出膝蓋的運動服搭上公車，對於需要坐一整天讀書的準考生來說，就連花時間照鏡子都是種奢侈，我只有進公司上班時才會從頭到腳整裝出門。

送錯的簡訊

我穿著一身任誰瞧見都知道是準考生的服裝，把身體託付給公車，往圖書館而去。那天，我一如既往地走向最喜歡的座位，多虧我凌晨時分就起身出門，才有辦法守住後有窗戶的那個位子，安心專注地投入自己設定的上午複習進度。後來我有點想上廁所，也沒多想什麼，就直接以那身打扮走出閱覽室，結果偏偏遇見了學生時期的朋友，與她四目相交。

「哦……是你……」

「啊……是你……」

也許是在意想不到的場所碰個正著，兩人的招呼都攙雜著些許錯愕，不全然只有好久不見的喜悅。後來，我重回座位準備讀書，手機卻突然震動起來。

李多志說她在證券公司上班根本是假的，呵呵。
猜猜看我剛才在哪裡遇見她？在〇〇圖書館喔～

這封簡訊就這麼剛好傳到我的手機裡。應該是原本要傳給其他朋友的，誤傳到了我這邊。我猜，大概是對方淨想著我的名字，連收件人的聯絡電話也誤選了李多志。

看著那封簡訊，我腦海浮現各種念頭，內心也五味雜陳，「這是什麼？為什麼我在努力實現夢想，卻要被人這樣說閒話？」「原來我落魄了讓她很開心啊。」感覺我早起出門死守的那張寶座底下，突然出現了一個漆黑的無底洞。

直到那時，我都是不論面對任何高牆仍舊充滿自信的人。只是在正準備要開始挑戰之際，竟碰到這樣的情緒之牆，心理上的衝擊頗為強烈，有點像一直以來都是我主導地選擇「推倒高牆」，這次卻促不及防地「踉蹌」了一下，打擊才有點大。各位知道我當時是如何重新鎮定下來的嗎？

「都已經到最底了，接下來只剩努力往上爬。」

儘管已事隔多年，但當時那份感受依舊鮮明。都說世界上沒有任何一段經驗是毫無用處的了，每每看到和我一樣自討苦吃，或者選擇與同儕走不同道路的人，就會想要為這些人送上誠心祝福。如果有人想要選擇直接休學重考，或者邊上學邊準備重考，抑或是辭去工作打算半路轉職，請務必將以下這點牢記於心。

那絕對不會是一條浪漫大道。與其他人做出不一樣的選擇，並非只是踏上「比較新穎一點的道路」這麼狹隘的概念而已，裡面還包含著關係問題、情感問題。比方說，因為選擇了那條路而與身邊的人產生摩擦、大大小小的情緒衝突、準備變小的自我、想要替自己辯解的欲望等，絕對是選了一條涵蓋這些議題且難度較高的路。各位一定要先有這樣的心理準備，內心才比較不會被穿出一個深不見底的黑洞。

沒什麼比它更難忍的辯解欲

各位知道尤其難以克服的欲望是什麼嗎？那就是想要替自己辯解的欲望。「不要看我現在這個樣子就妄下定論；我可是胸懷大志才會在這個地方。」像這樣老是想替自己辯解。那時我懊悔了好多天，一直想「為什麼沒能抓住那個巧遇的朋友好好解釋一番，要是解釋清楚就不會收到這種簡訊了」，當時的我可能或多或少也有點自尊心受創。不過隨著時間流逝，我反而慶幸當時自己沒有特別去多做解釋。

連我都能忍住了，各位一定也可以。因為對於那些看好戲、嘲諷你的人來說，不論你怎麼解釋，他們只會認為你是在「狡辯」。

不妨把想要替自己辯解的欲望稍微轉向，變成閱讀對方的心聲，這會更有幫助。假如想知道「她為什麼要傳那樣的訊息給我？」或者「明明嘴巴上說會支持我、替我加油，為什麼現在反而要打臉我？」這些問題的答案，就必須先洞察這些人的心。

對方可能只是將不看好我們的本意隱藏得很好而已。對於這麼想的人，不論說什麼都沒用，千萬不要為了這種人浪費時間和力氣。我們只要專心走自己的路就好。

不要讓心情變成人生

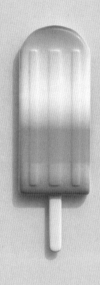

「老師您是靠自己準備學費念大學的，所以我應該沒什麼資格在您面前怨天尤人。但是我一直想不明白，我明明還是學生，為什麼要煩惱錢的事情？有點委屈也有點難過，像這種時候，我該怎麼重新安定心神呢？」

我曾經收到這樣的訊息，儘管文字不多，但可以感受到他的痛苦與難過；我相信，一定不只這位有類似的苦惱。

為什麼只有我辛苦，只有我不幸？

「要是沒有學貸要還，我還能靠自己的力量做點什麼。」

「每個月都要按時匯生活費給家裡，根本不敢奢望讀研究所。」

「要是有人幫我負擔房租，我應該就能專心讀書。光是打工就把我累死了。」

我相信，一定有很多人像這樣，因經濟問題而無法純粹過上自己想要的人生，就算一天對自己信心喊話幾十次「我能辦到！」現實也依然會像在嘲諷我們般，將「決心」一一折斷。每當現實吞沒意志和勇氣時，在「數百個我」之中，就會有「委屈的我」出現。

省略掉「為什麼」的「只有我」會不斷登場，折磨著自己。（為什麼）好像只有我比別人差，（為什麼）好像只有我得不到任何支援，（為什麼）好像只有我需要加倍努力……真不知道為什麼，於是出現「憤世嫉俗的自己」。然而，每當遇到這種情形時，絕對不能選擇逃避。

這種情形我也遇過無數次，光逃避只會令自己更生氣，也會影響專注力，所以每當這種時候，我就試著觀察自己的真實心聲。一開始我以為自己是在生現實的氣，後來發現並非如此，更內在的情緒反而近似於難過。

「多志啊，難過的時候就好好難過，沒關係。」

「會有這種情緒並不表示你就成了壞小孩。」

「我有權利擁有任何情緒，也有資格好好送走這些情緒。」

我奮力擁抱所有情緒，不貼上對與錯的標籤，就只是純粹承認它的存在，而光是這麼做，就足以感到安慰。而且自從這麼做以後，那份情緒就再也沒有擴增了。

直到那時我才領悟到，「看來不能讓一瞬間的負面情緒搞砸自己的人生。好好查看自己的心情、情緒，是活在當下很重要的事情。」

自此之後，我便開始練習時刻掌握自身最真實的情緒。

我們稱真正的情緒為「第一波情緒」。情緒其實有分第一波與第二波，前者是發生某件事情時最先產生的感受，隨著這份感受逐漸擴大，就會演變成第二波情緒，最具代表性的第二波情緒就是憤怒與生氣。

然而，各位不妨想想，生氣的情緒並非莫名其妙突然出現。打個比方，和交往已久的男朋友約會，對方卻說「沒見面的這段期間，你好像變胖了」，於是氣到質問對方怎麼能說這種話；兩人陷入爭吵……可是，真正的情緒是生氣嗎？不是的，那是被心愛的戀人親口否定了，一方面失望、難過，另一方面則是對於變胖的評語感到丟臉害羞，因此，失望難過反而才是第一波情緒，憤怒則為第二波。其實比起生氣，好好向對方表達「你這樣說我會很失望、難過，也會擔心自己是不是看起來很胖，讓我變得好沒自信」反而更精準。尤其用這樣的方式表達，兩人的關係會更快恢復。

然而，人們為什麼往往不說出真實情緒，反而用憤怒和生氣來掩飾呢？其實是因為一旦承認了真實情緒，彷彿自己就會變成弱者，同時也認為如果情緒上變得脆弱，精神就很有可能潰堤，才會用尖銳的怒火來守護自我。

假如一直用負面心情來武裝自己，轉眼間你就會發現，自己變成了把心情當成態度的人。所以拜託各位，試著練習承認並擁抱自身的脆弱與真實情緒。

我們不能選擇既定的現實，
但可以選擇或改變反映現實的自身情緒與態度。

不妨從自己能做的事情開始嘗試改變。

面對歧視，如何熟練地處理

對我來說，除了金錢問題，面對努力也難以改變的事情，打擊反而更大。缺錢至少還能透過開源節流、打工省錢來解決，但是因為年紀小而被瞧不起，或者因為是女生而聽到一些不該存在的話語，就會使我備感無力，因為錯不在我，也不是做了什麼事就能馬上加以改變。第一次面對這道高牆——「難以改變的事物」，是在我大學時期。

進入歷史學系就讀後，我申請過學分交流課程，要去附近的大學聽歷史課程。當時該所大學有一名年邁的教授說：「歷史是男人的學問，在我那個年代，根本無法想像有女生讀歷史系。」一開始，我甚至懷疑自己是不是聽錯了，同時產生「性別與學問到底有什麼關聯？」的疑問。儘管教授是老一輩的人，我仍對於他在公眾場合直接口出這種狂言，驚愕不已。

更驚人的是什麼，各位知道嗎？那就是當今這個年代仍存在著這種思維。在我的 YouTube 頻道底下經常會看見有網友留言：「女生在教歷史實在頗奇怪」，而且不是個案。

我認真思考過，「究竟為什麼會有這種看法？」後來我大概理出了頭緒：那些人的想法就只是一直停留在遙遠的古代吧。倘若回到朝鮮時代，女生不論多麼天資聰穎，都不可能奢望在外工作；那些足以在歷史上留下輝煌霸業、苦讀並指導學問的人，統統都只有男人，但至今仍有人活在那早已終結的年代。所以我又想，到底該如何打破這些人的時代偏差觀念。

無時無刻找上門的負面情緒，只要以用力擁抱真正的情緒來管理即可，但是面對這種歧視，「站在情緒外」才是重點。也就是讓自己擺脫情緒、拿掉情緒，純粹用結果來證明。

當時我並沒有流露出「是女生怎麼了嗎？」的情緒，取而代之的是用結果來證明自己，讓教授不得不給了我 A⁺的成績；現在我選擇的方法，是將自己的實際案例留作結果，也就是以代表韓國的知名歷史講師嶄露頭角。

成為韓國首屈一指的歷史講師，再吸引更多後輩願意投入這塊領域，這絕對是最有建設性的復仇。比起只有一位知名（女性）講師，超過十個人的時候，是不是更容易讓人同感「女生教歷史有什麼問題嗎？」

因此，當我們在人生中遇到猶如車禍般突如其來的歧視時，切記不要感情用事，更何況歧視何來男女之分，是每個人都有可能遇到的情況。

用現今語言對那些從一開始就用舊時代語言的人說話，他們是聽不懂的。好比不能跟不講理的人講道理那樣。通常遇到講不聽的人，我們會先有情緒，但這時需要更小心謹慎，千萬不能衝動，否則只會聽到「女生就是因為太情緒化，所以成不了大器」、「男生本來就比較缺乏同理心，所以才容易生氣」等諸如此類的閒話；明明是遭到歧視的受害者，又直接變成了情緒管理障礙人士。

所以，倒不如把那個力氣用在工作或學業上。投入課業的我雖然是帶著性別的，但我所取得的成就和果實可不分性別，絕對是讓那些話多的人瞬間閉嘴的最佳方法。

各位只要成為頂尖即可，那麼各位本身就會自成一路，而在那條路上，至少會有三、四位，多的話數十、數百位後輩緊隨在後，等於各位的成功能成為別人的道路——是不是聽起來很帥呢？

自尊感，
可以不必再使用它了吧

接下來終於有機會跟各位說說我很想談論的話題之一，也就是關於「自尊感的使用方法」。每次只要觀看賦予動機相關影片或歷史演講影片，留言處就一定會出現自尊感這個單字，然後也會簡短附上各自的近況（非常可愛的一群小啾啾）。

然而，我看著那些留言，內心不免產生疑問：「難道真的是因為自尊感太低，所以才這麼想嗎？」

問題的核心究竟在哪裡

「老師，我沒拿到好成績，應該是因為自尊感比較低，所以才會沒辦法把自己帶往想要的方向。」

「我和男朋友分手了，因為自尊感偏低，所以每段戀情都是對方提分手的。」

每次看到這種留言我都不禁想問：「真的就只是因為自尊感低嗎？」有沒有想過核心問題或許根本不是因為自尊感低，而是沒有往能夠拿高分的方向讀書所致呢？

人際關係問題也是。我希望各位可以重新審視自己，或許並非因為自尊感低才被分手，而是因為彼此真的不適合，或者溝通上有問題。明明我是帶著委屈見男朋友的，卻擔心自己要是把話說開、就顯得小家子氣了，結果一直悶在心裡，男朋友還不長眼地做出令人失望的舉動，使你更想趁機溜走……問題就是這樣產生的。要是在那當下，兩人都有好好把話說開，可能當天就沒事了，一味地用自尊感來解釋不順心的事，這樣只是在濫用這個詞彙罷了。

請自行思考，
那些真正需要仔細檢視並改善的問題，

是否被「自尊感」這個罩子給罩住了。

假如有仔細洞察內在原因，而不用自尊感作為藉口的話，誠心希望各位可以藉由此次機會冷靜理性地觀察自己，同樣的事情是不是不該重複。

順帶一提自尊感的定義好了。所謂自尊感（self-esteem），是我多麼尊重自己且認可自己，亦即一種規範「我與自己」之關係性格的普遍概念。

自尊感是這樣守護的

某天，我瀏覽 Instagram 的主頁，發現了一位想要拜她為「自尊感老師」的朋友，可惜她不住在韓國，是個住在美國的黑人少女，目測應該是國小學生，可能是被人領養的孩子。她的身分似乎有在學校傳開，同學們紛紛嘲笑她是領養來的，可是各位知道她如何回應嗎？她說：「還好吧，我的父母是真心想要我而選擇我的，你們的父母可是只有養你們的選擇。」這回答簡直就像喝了十瓶汽水般令人痛快。

少女的反應既堅定又老練，她沒有令任何人不悅，也帥氣地接住了朝她發射的箭頭。假如換作是各位面臨這種情形，又會做出何種應對呢？會不會就主動替自己貼上「因為我是領養的小孩，所以自尊感自然會比較低」的標籤，即所謂標籤效應（Labelling）呢？

像這樣貼上負面標籤後就會產生汙名效應（Stigma effect），開始不斷把自己推向不好的方向。所謂汙名效應是指，被以負面偏見或固定觀念留下印象後，就真的會變成那樣的現象。當你為自己貼上「反正我是領養的小孩」標籤，自那一刻起，就會只剩負面想法，並重複做出對自身有害的行為，且與對自己毫無幫助的人為伍。

我們試著將此轉換成日常用語，「反正我只是個找不到工作的米蟲」、「因為我是母胎單身」，是不是經常將這些話毫不避諱地掛在嘴邊？「我就是因為自尊感太低，才會這樣。」是不是也很常這樣自言自語？不論任何情況，都請切記千萬不要在各位的人生貼上負面標籤，任何事物只要貼上標籤就會具有生命力。假如是因為太懊惱才說了這些，那麼最後請記得多加一句：

「沒關係，儘管是這樣，我也無所謂！」

對自己說的最後一句話，要永遠往正向前進才行。

有時我會收到學生的提問，「老師，想提升自尊感該怎麼做？」我的方法十分簡單。

第一，「用自己想變成的模樣度過一天」。刻意做出和自尊感低落時恰巧相反的舉動，比方說，我不喜歡不愛打掃、對身邊的人冷淡、有拖延症的多志，於是刻意反向操作，試著整理打掃環境、和朋友見面時保持親切有禮、重新推動延宕已久的事；每個人心中一定有自己想要成為的模樣，是吧？

但也一定有無法變成那樣的理由，例如「……還沒解決」的緣故。那麼，不妨試著假裝那些事情已經解決了，然後是幸福的自己。就這樣以自己想成為的模樣度過一天後，溫暖的自尊感將填滿你的心。

第二，好好「放下」。人生在世，會遭受許多壓力，不論是肉體層面還是精神層面的疼痛，我都屬於很能忍耐的人，但是忍久了也會遇到「再撐下去遲早會崩潰」的瞬間，於是我選擇放下不再苦撐。呼籲各位準備一個內在自尊感可以安全放心休息的小空間，如果這裡快要土崩瓦解，就請好好放下，因為比起去上知名大學、賺錢、多一點成就，更重要的是自身的幸福。

第三，「喜歡自己的所有面貌」。也就是「喜歡老是忘東忘西、稀里糊塗的自己，或者做事簡潔有力、乾脆俐落的自己」。黑人少女之所以了不起，也是因為她愛全部的自己，並沒有為自己貼上紅色標籤，覺得「我是黑人小孩，而且還是被人領養的」。取而代之的是替自己貼上自尊感標籤，認為「我是被我爸媽主動挑選養育的寶貝」——這是只想看自己光鮮亮麗面的人，絕對不可能生出的態度。

然而，這裡有一點值得注意：愛全部的自己，不等於自責時也該責備全部的自己。「像這樣活著有什麼出息」、「我就是個一無是處的人」諸如此類的發言統統都禁止。責怪自己、批評自己時是有訣竅的，只要碰到看自己不順眼或不滿意的日子，我也會有所埋怨，但絕對不會把「全部的我」都拖下水。

「李多志！老是這樣忘東忘西的該如何是好？」「又把手機忘在車內了，除了工作以外，其他事情怎麼都少根筋！」像這樣盡可能將批評範圍縮小，責怪「一小部分的我」就好，避免讓自己的其他優點也一起被貶低。

夜景裡有綻放的光芒，
所以更振奮人心

說到夜景，各位最先想到什麼呢？我喜歡看著風景發呆，從小就很喜歡欣賞夜景，彷彿只有夜晚與我獨處，格外地舒適放鬆。即便在如此喜歡的夜景面前，也有過一次不甚愉快的經驗。

我曾和一位較為高冷的朋友一同欣賞夜景。那個的夜晚美麗動人，使人忍不住讚嘆不已。我看著照亮黑夜的高樓燈火說：「都說香港的夜景最美，在我看來，首爾的夜景才是最美麗的。」這位朋友突然蹙眉反駁：「你覺得很漂亮嗎？明明就是榨乾那些熬夜加班者的燈火。」

高冷的人要是擺脫不了負面思惟，就會生病

待在凡事都以批判、冷漠眼光看待的人身邊，心情會莫名變差，我相信任誰一定都有過這種經驗。要是只有心情變差倒還好，跟這種人相處久了，態度

也會變得愈來愈像。從正面的N極瞬間移動至負面的N極，其實只是時間問題而已，假如對那種人說「不要受困於你的極限」，就會被潑一身冷水：「大概大概就好了啦，李多志！」「誰說一定要盡全力？」「能成氣候的人不管做什麼事都能成功，不能成氣候的人就算做再多努力都沒用。」甚至還會妄下定論，認為「要是光憑相信自己就可以辦到的話，那世上還有誰會失敗？」

我偶爾也會收到詢問，究竟該如何面對這種朋友？乍看之下，會認為這種人好像對現實的判讀更精準，使人想要追隨，或者因為容易附和他們的發言，想與他一起痛罵這個世界；但我個人會希望各位不要這麼做，因為我們說出口的話是有力量的，一開始就算只是基於附和，到後來真的很可能就被同化了。

將這痛苦不堪的世界轉換成值得生活的地方，甚至引領至更高次元的人，往往都不是「負面鬼」而是「正面鬼」。我也當過一段時期的負面鬼，因此得到「享受擔心的女子」這個綽號，簡稱「享擔女」。

不管做什麼我都先假設最糟情況，讀書時也一樣，先想像最糟結果，因此不斷鞭策自己，自然取得了好成績，讓我深信「這個方法還不錯」。明明一開始是使我專注投入讀書的「選擇性悲觀主義」，卻在某個瞬間變成了「凡事皆負面」。

「真的要開始反而感到害怕。」

「我沒有自信全心全意地、用熾熱的心來迎接挑戰。」

「我擔心成績會不如以往。」

像這樣不斷為自己找藉口，或者認為就算做了也不會成功，所以乾脆不要開始，固守著這樣的處事態度。

想法會變成行為，行為會創造現實

這樣的習慣不會僅止於想法，久而久之，它會抓住自己的腳踝，使人裹足不前。這種現象在心理學稱「自我設限」（Self-handicapping），就是在重要事項面前，先創造對自己不利的情況。各位在考試期間是不是也聽過這種發言：

「我昨天完全沒複習。」

會說這種話的同學當中，有一半是真的沒複習，另一半則是明明有複習卻說反話，但兩類人的理由是一樣的：因為害怕失敗。他們為了事先預防自己的考試成績不如預期，於是先創造對自身不利的條件。明明有認真複習卻還是考不好的話，那就是能力不足，倒不如先將條件改成自己根本沒在努力。

美國的社會心理學家柏格拉斯（Berglas）和瓊斯（Jones）為了證明自我設

限，做過一場實驗。他將實驗參與者分成兩組，讓A組解非常困難的題目，B組解非常簡單的題目，然後與實際成績無關，告訴兩組人都得到了非常好的成績，並預告接下來將會讓兩組都寫一份程度相仿的考題，並請所有人從以下兩種藥當中擇一服用。

▼紅藥：提高專注力，提升解題能力
▼藍藥：能夠緩和緊張，但會降低專注力，可能會影響解題能力

猜猜結果如何？寫了較簡單題目的B組，大部分都選擇服用紅藥；反之，寫了較為困難題目的A組，則大多選擇服用容易降低專注力的藍藥，意即A組預設接下來的題目一定也會很難，所以先讓自己有藉口失敗，這樣第一次拿到的好成績就是靠自身實力，第二次萬一沒考好，就可以說是因為服用藍藥導致。

而可怕的點就在於，並不會僅止於想法，還會延伸成行為。因為儘管在可以得到更好結果的情況下，也依然選擇作繭自縛，阻礙自己進步發展。

俗話說，人類的本性會在危機或懦弱前出現，而且會將當下支配自身的情緒認知成代表情緒，再以該情緒為基礎看世界，決定「行為的方向」。用溫暖眼光看待世界的人，會從夜景中看見對人類的惻隱之心，但是用悲觀眼光看待世界的人，只會看見勞工被壓榨的部分。儘管看的是同一片夜景，也會在走下山時，心懷截然不同的夜晚；是不是很有趣呢？

各位在欣賞夜景時，會想要把什麼收入眼底呢？我依然會先從閃爍的燈光開始，雖然有些燈火的確是因為有人在血汗加班，但有些燈火也是在為夢想和家人奔赴。

夜景裡的燈光會暈開綻放，看起來更為燦爛。我感謝那些燈光，也為那些置身在燈光中認真打拚的人加油打氣。我同樣也有屬於自己的「燈光」。漆黑的夜裡，但願我這盞燈能成為某人的力量、喜悅、鼓勵，接下來的日子也能認真、正面積極地生活。

如何使用
負面與正面的桌子

想要看到自己擺脫「負面的我」，卻不知該怎麼做嗎？不妨這樣試試。

負面與正面的桌子

各位一定都有自己想要達成的心願，可能是考上公職，也可能是考取駕照、和喜歡的人約會等。試著選出一項，然後將它寫入下方「我的心願」欄裡。

我的心願：

然後我們來畫個畫。先橫向畫一條直線，上面放七個格子，由左至右分別為徹底完蛋、非常糟的結果、普通糟的結果、可妥協的結果——到這邊為止都屬於負面區間。接下來再依序放置普通好的結果、非常滿意的結果、超級棒的結果——這段則為正面區間。

參考下圖會更容易理解。我稱這兩張桌子為「負面與正面的桌子」。將心願放進個別格子裡，嘗試具體寫下相關情形。

舉例來說，假設現在猶豫的是該不該挑戰七級公職人員考試好了，在負面區間的極端「徹底完蛋」格子裡會寫有什麼？自然是「永遠考不上」，也許是上輩子祖先利用職務之便貪汙腐敗，我這輩子根本沒有當公職人員的命，就算挑戰考一百級而非七級也絕對考不上。

接下來是「非常糟」，大概就是挑戰兩年左右仍考不上，甚至連錄取的跡象都完全看不到，非常鬱悶的狀態。

接著是「普通糟」，也就是挑戰了兩年最終沒能考上，但

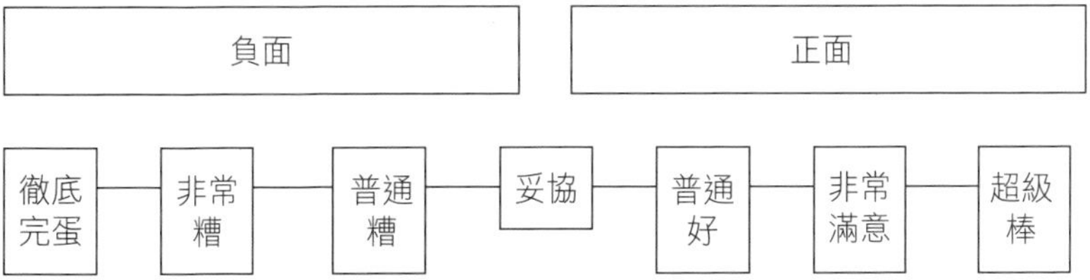

開始逐漸看見有機會錄取的跡象，產生下次一定能考上的自信。

接著是放在正中央的「妥協」：不論怎麼想都認為七級應該考不上，所以降低標準挑戰九級。畢竟已經有準備經驗了，所以得到了錄取通知。雖然考上的不是七級而是九級，不免有些難過，但仍屬於可妥協的程度。

接下來我們換到正面區間，一樣先從正面的極端「超級棒」開始。這裡不用多說，就是初次挑戰就馬上錄取，要是沒挑戰一定會非常後悔。然後向左走，「非常滿意」的結果則是初次考試不幸落榜，但隔年再挑戰就能順利考上；反正一般人都認為這樣已經算有認真讀書了，所以無所謂。再向左走是普通好，也就是有順利考上七級公務員，但不是被分發到自己想要的地區，而是到偏遠的鄉下，所以還需要搬家。最後的「妥協」與先前提到的相同，也就是放低標準挑戰考九級公務員，結果有順利考上。

心願是能夠成為現實的

如何？像這樣按照七種情況描繪實際情形，是不是更能切身體會「心願的現實面」呢？像這樣寫下來，至少可以得知三件事。

第一，各位最害怕的「負面的極端」以及最希望的「正面的極端」，兩者實際發生的機率幾乎是零。這種極端狀態根本毋須討論，最好盡快拋諸腦後；在沒有老天幫忙的情況下，兩極情況應該不會發生。

第二，大部分的結果都會落在正中央的妥協格子左右兩邊。儘管最想要的超級棒得不到，是不是也稱得上是還不錯呢？

第三，請各位自行檢視，自己究竟比較詳細記錄負面區間，還是正面區間？每個人都會填入不同答案，光從這裡就能大略知道填寫者是何種性格。如果是「原來我只會把事情填在負面區間，實在不曉得正面區間該寫什麼才好」

的話，不妨試著在便條紙上寫下希望可以發生在自己身上的正面情況。

就好比多運動，身體就會長肌肉，其實想法念頭也是一種肌肉。既然不知道結果會如何，不如正向思考，並且用堅定的嗓音將那份想法說出口，你將發現，某一瞬間思考早已轉向改變。

將負面情緒轉換成動力

不過，這並不表示負面情緒毫無用處。不論負面還是正面，情緒本身是可以成為燃燒自我的能量的。

我難道就沒自卑過嗎？當然有，尤其看著比我講課更精采的人，會偷偷想著「為什麼我不能像他那樣？」然而，自卑其實是非常值得感謝的情緒，因為可以馬上使你看見真正想成為的模樣，等於透過自卑心，讓我察覺到自身最純粹的願望，就是能演講得精采。

可是我們也不能總困在自卑的情緒裡，要將它轉化成能量，作為一股動力，使自己發展成理想中的模樣。「他的演講好精采，為什麼我到現在還是會吃螺絲？」要是想法一直停留於此，就會使自己陷入負面情緒，就此結束。

但假如你是思考「該怎麼做才能為學生提供更有收穫的演講」，就會讓自卑感也成為促使自己成長的動力。當你將自卑感昇華成研究演講的動力、專注投入在「自身」以後，某個瞬間你會發現，原來自己已經距離想要的模樣更近。

不安感亦然。有段時期，焦慮憂愁的我擔心好多事，但是換個方向思考，或許是對未來的焦慮不安較高，所以才有辦法更專注、熾熱地準備，甚至變成我的優點。

悲傷也是。我所經歷的最重大悲傷是父親離世，當時難過到一個月都無法講課的地步。然而，那種痛心的經驗也成為回顧自我的契機，發現原來自己一直都只有向前看齊、賣力奔跑，反而忽略了沿途的風景。到那時為止，我的人生真的只有工作，工作、工作、工作、成功……一直這樣生活，直到迎來父親過世的消息，才終於領悟到家人的珍貴。

我也曾以忙碌為由，無法經常陪伴心愛的姪兒們長大，甚至沒有感受到颳風飄雨下雪的天氣變化，或者欣賞落葉花開的季節更迭；總覺得這是父親留給我的最後指教。

我想要再次強調，負面情緒任誰都有，但究竟要表現出「我因為負面情緒而變得如此慘兮兮」，還是「因為有負面情緒，反而促使我更往前進步」，一切都取決於我們的選擇。

擺脫後悔與自責的方法

各位有沒有過這樣的經驗？不論多想專注投入，都因過往的後悔而老是停滯不前。從「我剛才又打瞌睡了」這種常見的小自責，到「當時真不該那麼做……」發自內心的懊悔。

曾經有件事情，在我心中留下了難以抹滅的傷口。我心愛的寵物貓罹患罕見傳染病，最後去了貓星球。與病魔纏鬥的那段日子十分痛苦，我看著生命的力量愈漸消失，腦海裡想起獸醫師說過的話。

雖然這是罕見傳染病，但仍有疫苗可以注射，問我為什麼沒有幫牠施打，那句話一直在我腦海中盤旋，揮之不去。要是我再細心一點，趁牠還小的時候就讓牠施打疫苗，牠應該就不至於飽受病痛折磨了。我任自己困在這樣的後悔與搞砸一切的自責之中。

最終，心愛的寵物貓去了天堂，而我則是悲傷到有一段時期完全無法講課，沒自信在相機前面露出笑容。當時我的免疫力也急速下滑，甚至得了帶狀皰疹。雖然那時候許多人安慰我，可能是我不夠成熟，就連那些安慰都聽不進去。

只要聽到「你已經盡力了」這種話，腦海就會浮現「沒有欸，假如我有盡力，牠就不會去天堂了」的想法。後來，我和一位資深的養貓前輩閒聊，才得以從過去束縛我的後悔與自責中一步一步走出來。

「沒關係，人都會犯錯，你老是認為只有自己犯錯所以才會痛苦。我也經歷過類似的事，有過一次經驗之後，下次就不會再犯了。」

聽他這麼說，我的心情才舒坦許多。雖然過去的事情可能使我留下很深的遺憾，但所有經驗都還是會使人得到教訓，我們唯一能做的，是以後不再讓同樣的事重複發生，這是我當時再次深刻體會到的事實。

是我的人就會願意等我，

倘若只是表面上的朋友，

就會默默消失。

5

「不要就這樣算了」

| 世上最困難的就是人際關係 |

花若盛開，蝴蝶自來

在韓國社會，善意看待那些特立獨行者的文化尚未純熟，可能是因為比起多元性，依然更強調劃一性。

當你選擇走不一樣的路時，家人會有的反應

我的父母在外被人問過，「多志最近在做什麼？」「她在公司做得還不錯吧？」這些問題。明明只要回答「嗯，都好啊。」就可以結束的話題，卻在說出「她為了讀書離職了」的瞬間，氣氛變了調，對方會因為不知道該如何回應而選擇沉默，或者百思不解地叨念，「哎呀，為什麼偏要在景氣最差的時候做這種決定？」也就是因為我的決定而生出了不舒適的氛圍。怎麼樣？各位聽完有什麼想法嗎？

雖說決定辭職讀書的本人我一點也無所謂，卻使得圍繞著我家人的社交生活撞了牆。現在，請各位拿出螢光筆來標重點：**假如成人了以後才與其他人做不一樣的選擇，就會出現以下等號。**

▼ 我與眾不同的選擇＝家人的社交生活撞牆

請將這項公式大字抄寫下來，並掛在房門上，這樣才不會將家人的鼓勵與支持視為理所當然。

「因為是父母，當然要站在我這邊才對啊！」一旦你有這種想法，就會以為說服家人的過程十分簡單，或直接跳過家人，成為家庭不睦的種子。「你知道爸媽在外面聽到別人說什麼嗎？」「為什麼要辭掉原本做得好好的工作，搞這些有的沒的？」這些話都不是空穴來風，他們只有對我來說是家人，出門在外依然希望自己是能夠抬頭挺胸、走路有風的社會人士，他們要的就是你體恤這一點；為什麼？因為他們生活在韓國社會。

我不歡迎你的挑戰

接下來，我們再看看家人以外的群體心理。好比在圖書館遇見我、誤傳簡訊給我的那位朋友吧，一定會有人見不得我好，因為我的挑戰使那種人感到心理不適──在此，我想要使用「害怕」這個詞。

我們來試著洞察那份害怕吧。A選擇走一條平凡的路，而他身邊的友人B選擇了走自己的路。我們先從A的立場來看好了，A是與現實妥協，找個適當的工作，每個禮拜只等著週末到來，在他看來大家都是這樣過生活，所以還算滿足。某天，友人B突然離職、選擇讀書，表示自己要與世隔絕一段時間。一開始雖然有對B叨念一番，告訴他現實的殘酷面，但終究是別人的人生，也只能表示尊重。

時間流逝，A依舊過著一模一樣的生活，並開始對B的近況感到有些好奇；偶然聽見關於B的消息，據說距離目標達成已經十分接近，A內心頓時一沉，開始浮現「當他在為了夢想而努力的時候，我都做了些什麼？」我接下來還要像吸飽水的棉花一樣沉重度日，B卻即將像輕盈的羽毛那樣，往自己想去的方向自由翱翔。A突然感到有些不公平，彷彿只有自己像個傻子似的，他害怕面對的正是這種情況。

我們總認為只有在別人領獎時才會興起比較、嫉妒之心，實則不然。當某人在朝自身夢想邁開步伐時、鼓起自己根本不敢肖想的勇氣時，雖然還沒創下佳績卻已經走在實現夢想的旅途上，光是這些就足以令人羨慕嫉妒恨。

這時，自發性地保持距離會有幫助。反正都要讀書，自然而然會遠離人際關係。就好比將一片葉子放諸流水，疏遠就放任其疏遠吧，因為就算你現在緊抓著那些人際關係不放，對彼此也毫無益處。

關係可以等目標達成後再重新抓住也不遲，真的是你的人會願意等你，如果只是表面上的朋友，終究會默默消失。為了自身夢想而選擇的苦讀，有時也會成為分辨對方是不是自己人的契機。

既然都說這裡了，接下來也順便談談關於孤獨。

快樂的孤獨，Solitude

假如從人際關係的觀點來看讀書學習，認真苦讀期間，「關係之盒」將是一只空盒，兩者必然無法兼得。人際關係是全職的，讀書學習也是，都需要耗費諸多時間經營，所以怎麼可能魚與熊掌兼得。各位試想，假如一個準考生要邊讀書邊談戀愛，還要和朋友到處玩耍、吃美食，那究竟要等何年何月才會順利考上呢？所以讀書學習與人際關係是天生不可能並行的。

都說「假如不可避免，不如好好享受」，既然是難以避免的孤獨，寧願是積極快樂的，也就是Solitude，而非寂寞被動的Loneliness。

神學家暨哲學家保羅．田立克（Paul Tillich）將孤獨分成兩種，Loneliness是被他者排除，屬於「被動式孤獨」，Solitude則是就算他人想要我，我也選擇拒絕，屬於「自發性孤獨」。換言之，後者是使藏於內在的機會種子發芽，並為它澆水、照光的一段培養時光，蘊含著想要恢復原本自我的目的。

不論那是讀書學習還是工作、家庭問題等，只要是想要獨自沉潛一段時間、專注於某件事情的話，就請不要只會躺在床上或滑手機，至少去做個簡單的散步，在繫好鞋帶走出玄關大門的瞬間，清新的空氣與陽光將轉換你的心情。

洗個澡、帶寵物出門散步也好，走到下個街區的咖啡廳買杯五十元的咖啡也不錯，隨著這些小活動一點一滴增加，有別於坐在書桌前絞盡腦汁的「被迫接受的孤獨時光」，感受度截然不同的「快樂享受、自發的孤獨時光」將新增到各位的人生之中，這會比只是純粹討厭寂寞而做出的空虛回應，像是「只是活動一下身體的約定時間」更具百倍意義。

假如不是所有的花都在春天綻放，你可能會焦慮地想「我的花到底何時盛開？」「真能盼到屬於我的季節嗎？」假如要針對這部分提供建議的話，倘若某天各位的人生也迎來了自發性的孤獨時光，請歡迎它的到來，因為等那段時光離開後，你會發現你這朵花早已美麗綻放，畢竟孤獨是能使花瓣盛開的重要先決條件。

假如你在猶豫該不該與朋友絕交

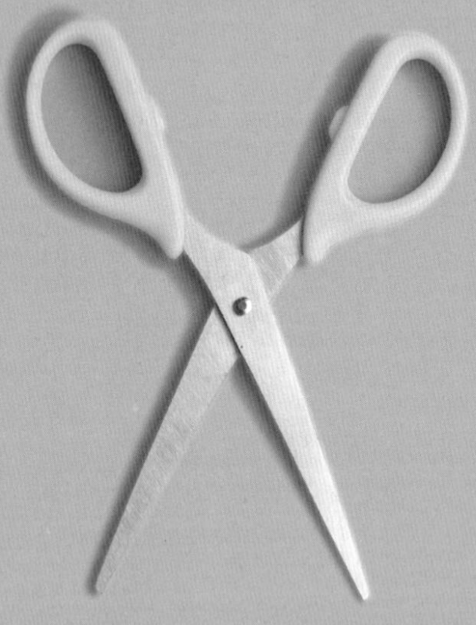

在我收到的諮詢中，有種內容很容易引發共鳴，所以想跟各位聊聊。

我是重考後才上大學的，而我的好朋友則是本來就功課很好，所以一次就考上名校。那年，我是重考生，那位好友則是大一新生。後來等我也考上大學，我們才又在一起吃喝玩樂。我們剛好都住在同一區，而且興趣相投，所以算滿契合的。

然而，到了各自準備就業的時候，見面次數瞬間銳減。朋友找工作找了一整年，最後好不容易才進入化妝品公司當正職員工，而我則是幸運遇到母校的教職員工作職缺，所以一畢業就馬上順利找到了工作，儘管只是非正職人員。

可能是我一畢業就上工了，觸動到這位朋友的敏感神經，她一聽到我的消息就馬上問我：

「你是靠什麼關係進去的嗎？」

我回答：「我只是個非正職人員。」沒想到她居然回我：「那我就放心了，這樣才公平。」這樣的回應著實令我驚訝不已。

自從發生這件事之後，我變成只有在四人聚會的場合才會跟這位朋友見面，她也只想談論自己的問題，比方在公司遇到不愉快的事情，就會一直聊這個，講個不停。當其他朋友也想說說自己對任職公司的不滿，卻會被她用「上班族生活都一樣，別再抱怨了」來打斷。

除此之外，假如我向她抱怨和男朋友的事，她就會當面指責我，「你男友知道你在背後這樣數落他嗎？」然後馬上轉移話題，說自己在公司裡多麼有人緣，每次見面都是用這種方式在聊天。

她說自己是朋友圈裡面最會讀書的，人生也應該要最順利才對，甚至反問我們「不是這樣才公平嗎？」每次只要和這位朋友見面，就會有一種情緒被限制約束的感覺，所以目前在考慮要不要與她絕交。其他朋友也表示不想再和她見面了，請問我該怎麼做？

原來我的不幸是你的安心

重新整理一下：這位朋友只要心情不好，就會希望以自己為主、獲得眾人的安慰；有好事發生，也會希望受人推崇景仰。為什麼呢？因為四人當中她最優秀，再加上她是一次就順利考入名校，甚至初入社會就以正職身分進入還不錯的企業，而這位投稿故事的朋友則是重考一年才上大學，並以非正職人員身分踏入職場生活。

不論是在人多的聚會場合，還是兩人單獨碰面的場合，這位朋友看似渾身散發著優越感，背後卻隱藏著自卑，答案早已從她口中呼之欲出。「（原來你是非正職人員，那我就）安心了。」為什麼會覺得安心呢？「我可是等了一年才好不容易找到工作，你竟然一畢業就馬上找到了？原來是非正職人員啊？那好吧，原本感覺有些奇怪的心情，又重新找回安定了。」這就是那位朋友「安心的本質」。

我想要趁這個機會，帶各位看看關於「安心」的背景。現在兩人的關係是什麼？高中同學。學生時期的朋友，長大成人後的見面聊天，容易碰到的所有議題都在這篇投稿中了。

我一直身處在和學生們見面溝通的位子上，其中最容易引起我注意的，就是與國、高中同學之間的糾紛。和國、高中同學碰面，會因為一同度過了十世代青春期而充滿懷念，光是一個杯子就能聊數百種話題，頻率相通；上了大學以後雖然也認識了許多朋友，但最終只得到不是「真」朋友的事實，所以十世代的朋友自然彌足珍貴。

然而，也有致命性的缺點，能推翻這一切優點，那便是我們明明在畢業典禮上互相道別、祝賀彼此考上大學，卻自始自終仍以「高中時期的樣子」來看待彼此。為什麼這會變成缺點呢？

因為每個人都會帶著排名相見。明明書上都說「朋友是要能互相分擔背上的重擔」，但在現實裡，背上揹的是排名而非重擔，你會知道對方在班上考第幾名，也會知道對方是屬於第一級還是第五級。

這邊的重點是「我的穩定期」。等我穩定以後，第九級朋友的小確幸也會成為我的小確幸；但是假如我還不穩定，「我的喜悅」就會是首要條件，其他比我次級的人都不可以幸福。

來，我們不妨回想一下，學生時期功課好的資優生一定都享受過特殊待遇，他們也一直視此為理所當然。踏入就業市場後，初嘗世間冷暖，體驗到不被禮遇的滋味，然後在社交上可能也經常得到「你並不優秀」的回應，等於是徹底體驗過去在班上吊車尾的學生所獨享的委屈。在那瞬間，做為資優生的「優雅」蕩然無存，徒剩資優生的「優越感」。為什麼這樣說呢？

優越感其實是自卑感的另一個名字，也就是把自己的自卑感轉嫁給比我名次低的朋友，這種狀況似乎會從準備就業開始一直延續到三十歲出頭，可能要到那時候才會找到心理上的穩定，在交友關係中也比較能游刃有餘。

那麼，既然資優生失去了優雅，另一邊的朋友們難道就要一直隱忍、迎合他嗎？當然不是。

面對朋友丟出來的球，我們不能只有默默挨打的份，最好要用雙手接住球並喊暫停。「我們各自都需要一點時間，也需要適應公司，以後不要每週見面了，大概三個月聚一次就好，如何？」請試著這樣說說看。一開始朋友可能會因為自尊心受創而不再與你聯繫，但隨著聚會日期接近，一定會再主動傳訊息給你。不過在表達減少見面次數時，不妨用「因為大家都正值敏感時期」替代「都是因為你只顧著說自己的事情才會變成這樣」，把問題推給情況，才不會傷了和氣。

成長時差是關係疲勞的原因

長途飛行帶來的疲憊感被稱作時差（Jet lag）。在我看來，成長過程也有時差這點，是有助於「關係理解的核心」。那麼，這裡所指的時差究竟是什麼？就如同不同國家之間存在時差一樣，人與人之間也有時差。儘管年紀相同，有人可能已經找到自己理想中的工作、勇往直前，有人則可能根本還沒畢業。在成長時差上，時差並非時間差異，而是「狀態差異」。

從實際初入社會，到開始學會開車，甚至到談戀愛和結婚，統統都已經不再有「適齡期」了，光看我身邊的人就能發現，站在就業或結婚等人生活動的出發時間點與安頓時間點都截然不同。

使我們徹底不同的成長時差，在那裡面一來一往的自卑感、嫉妒心、打壓等情感所導致的關係疲勞，其實就是演變成今日關係矛盾的一切源頭，不是嗎？換言之，友情出現動搖的理由不是因為自私的你，也不是因為已經不想再捧著你的我。

從這樣的觀點出發，投稿人與自顧自說自己故事的朋友，兩人最好偶爾單獨見個面就好，也不要再參加四人聚會。她們倆也有成長時差，一個先成了大學新生，另一個則是重考一年。從大學入學的時間點來看，兩人雖然有一年的時差，卻在都成為大學生後要好如初，可見這份友情很堅定，承受得住「彼此的時差」，這絕對是不簡單的事情。

但往後的友情則需要以多麼能等待、克服彼此不同的成長時差來做為標準，而非多麼常相處在一起，或認識了多久。

我想，各位可能也會好奇，「我原以為是不是應該整理這種朋友，但看來不需要」；關於絕交，我也想向各位簡短說幾句。

最近因為競爭激烈，所以要爭取什麼都需要耗盡力氣；為了活出各自的人生，對其他人付出的時間或精力也自然變少。只要打開 Instagram，就會出現許多「需要保持距離的朋友類型」貼文，我盯著它們思考，這個話題怎麼會變得這麼熱門，最後發現其實只是因為自己的精力不足。

假如至今為止的絕交，
是屬於「因內心受傷而放你走」的概念，

那麼今日的絕交則是，

「為了把所有精力留給自己，沒時間與你相見」。

這同樣與成長時差有關，表示只要能等朋友內心舒坦，這段友情就還能維繫下去，不用到絕交的程度。然而，也不能因為自己沒什麼煩惱、人生一帆風順，就將心亂如麻的朋友叫出來，再氣她「如果要這樣幹麼出來見面」。

在現今這樣的世界，比起共同分擔人生喜怒哀樂的「真友誼」，懂得等待朋友度過低潮與恢復的「輕友誼」反而好像更為適宜，各位認為呢？

不要被嫉妒心吞噬

愚蠢感，也就是覺得自己是個蠢蛋的情感。第一次聽說嗎？沒錯，「愚蠢感」是我自創的單字，我難道永遠都只有充滿自信、正面積極的面貌嗎？自然不是。我也有過一段渾身散發著愚蠢感的時期，容我來向各位述說其中一則故事。

比較與自責所喚來的情感

那發生在我高三那年。正值為了準備考試而忙得焦頭爛額的一段時間，特別是我們那年還是第一代推行隨時招生[4]的應屆考生，也就是第一次經歷「聽說某年某班的某某某，以隨時招生的管道進了某大學！」這種事情，一則以喜、一則以憂的世代。

當然，雖然我就是從隨時招生的管道進入梨花女子大學歷史學系，但人都是這樣的，在「好事」發生在自己身上以前，都會極度焦慮不安，我也一樣。就在我日復一日地過著這種生活時，無意間聽到國中同學的成功故事。

這個同學在國中時期是大家口中的小太妹，抽菸喝酒是基本，放學後還會有騎摩托車的男朋友來載她，同校的學生經常被她欺負，包括我自己也曾在與她擦肩而過時，幾次被她用不雅字眼謾罵。

然而，某天我聽說這個女生竟然透過隨時招生、順利推甄上非常好的大學，一開始還不敢置信，心想「真是我認識的那個人？」結果我的老天爺啊，還真的是她本人沒錯。

深入了解以後，發現她先是策略性地進入容易得到較高內審等級的高中，可能終於改頭換面，開始認真讀書，最後成功上了大學。反之，我則是為了在

4 類似台灣的推甄，韓國入學方式主要分隨時招生和正式招生兩種，以每年十一月舉辦的修能考試為分界點，考前申請的是隨時招生，考後申請的則為正式招生。

良好的環境讀書，所以進入一間知名高中，在很會讀書的同儕之間，我一開始的內審成績反而非常糟糕。

聽了這位同學成功考上大學的故事，我竟對自己感到失望透頂，愚蠢感直接沿著血管蔓延至全身，還自責「為什麼要來這種很難拿到高內審成績的地方，做這種蠢事」，接下來一週根本無心好好讀書。

都說歷史會重演了，雖然這件事已經離我好遠，如今依然以同樣的方式在重現。光是與自身選擇無關的「他人的達成」就已經難以接納，更何況是看見朋友比我做了更好的選擇，自責直接排山倒海而來。假如你也為此所困的話，不妨停下腳步，讓自己擁有一段短暫的自覺時間。

說到「自覺」，那便是自我與覺悟的合成語，屬於用積極態度自行領悟的思考活動。這麼重要的覺悟，自然不能隨意烙印心得；我想過究竟該將哪些東西銘記於心，最終得出了三個答案。

心煩意亂時，三種有助自覺的銘記在心

第一種是車輪效應（Stagecoach-wheel effect），即一種視錯覺，儘管車輪在往前方移動，卻看似像在往後旋轉。我認為在觀看人生時，似乎也會出現這種錯覺。

儘管在走自己的路，也會因為看見其他人已然盛開而突然自我懷疑，「喔？我現在正走在對的路上嗎？」這時就算只是非常短暫的剎那，也很容易陷入彷彿只有自己的人生走得緩慢、甚至倒退的錯覺。我們絕對不能被這種錯覺淹沒，而是應該先停下正在操控的馬車——停個十到二十分鐘就好——並展開想像的翅膀。

「某某某變成了網紅」、「某某某被派駐海外了」、「某某某好像上了國外知名大學」……當周遭傳來好消息時，不妨試著想像「希望自己的馬車可以抵達的那個地方」，也就是自己想要抵達的完美結局，我稱此為「從未來預支心願」，光是這麼做就有助於恢復受損的自尊。

我在準備教師任用考試期間，就經常想像自己成為歷史老師、為學生們加油打氣的畫面，不僅光憑想像就很開心，隨著整理因他人的成就所帶來的紊亂心情，我也比較能將自己的視線與精力專注在「此時此地」，心裡想著「我也要認真努力，往自己想去的未來邁進」，然後帶著一顆愉悅的心，專心讀書。

除此之外，假如把各位想要的未來預先挪移至眼前，看起來微不足道的現在，也會與達成諸多事情的未來形影交疊，額外附帶上調效果；這是不花錢也不花時間的物超所值策略，所以不妨嘗試看看。當然，都不努力、只憑想像是不行的，這點各位一定很清楚吧？

下一個重要的自覺，是要有「我也有屬於自己的一片海」的認知。我們之所以面對與他人比較會感到束手無策，是因為當你聽聞有人已經結出果實時，就會認為屬於自己的果實消失不見了，也就是零和心態。然而，真是如此嗎？我的國中同學憑藉內審策略成功進入大學，我難道就失去了上大學的機會嗎？不是的。仔細想想就會發現，那位同學根本沒奪走我任何東西。

假如聽聞某人成功泳渡屬於自己的海洋，

那麼就請記住，「我也要泳渡屬於自己的一片海」。

明明就有屬於自己的一片海，何必被嫉妒心蒙蔽，在別人的海洋裡拚命掙扎？大部分人都缺乏這樣的認知，導致陷入火焰燃燒一般的情緒當中，痛苦多日。然而，當你確認「屬於自己的事物」那一瞬間，比較所帶來的焦慮不安或憤怒就會頓時消散，所以請各位務必要記住「我的海洋」。

最後，我想要借用《恰到好處的孤獨：每天讀點叔本華》中的一句話，請各位一定要牢記於心。「原本打算走一整天的人，假如已經走到了黑夜，就該到此滿足。」這句話彷彿是在告訴我「該消化的人生分量」，所以很喜歡。

因外部刺激而導致難以聚精會神的日子，各位不妨專注於自行設定的時間和分量即可，心情紊亂無章的時候，沒什麼方法比這更好的了。從早到晚消化行程的過程中，能夠專注就專注，不能專注也還是將它消化完畢，再起身離席。

你是不是覺得，既然「都已經心煩意亂了，還讀什麼書」，然後毫無計畫地離開座位，就能夠心無罣礙地放膽去玩樂？其實並不會，反而只覺得浪費了時間，使心情變得更糟，進一步擔心今天沒能消化掉的進度，為此自責不已……等於承受了雙重痛苦。所以這並不是什麼好的方法。

假如像我一樣放手專注了一週的進度，下週還會加倍痛苦。至少能讓自己稍微靜下心來專注投入的那些進度，會成為讓自己下週也能撐下去的「本錢」，這點還請各位務必銘記在心。

這裡所謂的本錢是什麼？就是使我這朵花盛開的珍貴土壤及汗水。為了讓種花而流下的汗水成為我們的血肉，今日也為各位能達成的計畫進度加油！

你不是姊姊的人肉沙包

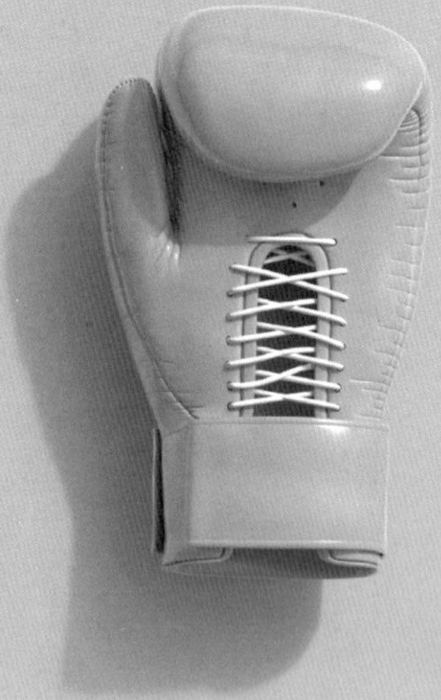

近來，許多人都對「家人」這個議題感到很棘手，明明是最該站在自己這邊的家人，有時反而感覺離自己最遠。這種時候的內心煎熬，自是難以言說。

我有個姊姊，她已經找工作找了兩年。她因為從小就長得像洋娃娃，所以集父母、鄰居和家族親戚的寵愛於一身；反觀我自己則是外貌或成績等各方面都平平無奇。

由於母親是護士出身，所以我自小的夢想就是成為護士，目前就讀護專二年級。眼看實習在即，已經忙到分身乏術，姊姊卻將自己找不到工作的壓力宣洩在我身上。

「他們在挑選護士時，難道都不看畢業於哪個大學嗎？」

「我看通常都是沒什麼專長的人才會去讀護專。」

「你打算什麼時候才要減肥？太胖不會有患者要來看病喔！護士也要漂亮才

行，我這樣說都是在為你著想，至少試試看中醫減肥吧！」

每當姊姊吐出這種酸言酸語，我都很想揍她一拳，但是爸媽不斷勸我，要我多體諒她應該是找工作壓力太大了，別觸動到她的敏感神經，免得又要被狠狠洗臉。我該怎麼處理這種情況才好？只要我自己忍一時，就真能風平浪靜嗎？

一個人的停止，對全家人的影響

收到這則投稿時，我真的十分心痛。且讓我先以假名「寶英」來稱呼這位投稿的朋友好了。不只寶英小姐，我希望我的故事能夠對身處同樣情況的其他人，也多少提供一些幫助。

在正式進入寶英小姐的故事前，我要先介紹關於家人的理論，亦即「家人旋轉吊飾論」。各位知道嬰兒床旋轉吊飾是什麼吧？也就是在一條細細的線上掛著各種玩偶，只要動一個就會全部一起搖擺的嬰兒用品。所以這套理論在說，只要家人中有一人動搖，其影響就會蔓延至其他家庭成員。

寶英小姐的家庭，看起來是以姊姊為中心，就好比旋轉吊飾上的玩偶中最大、最漂亮的那一個。可能因為是長女，備受期待，或者因為長得漂亮而更受關注。當這種玩偶在可愛地跳著舞時，其他家人也感到幸福舒適，寶英小姐自然也享受著充分的「自由」，開拓著屬於自己的人生。

然而，各位看看現在這個漂亮玩偶的狀態如何？哪裡都去不了，靜止不動。這個姊姊並不滿意自己的人生，然後看起來是在將這些不滿一點一點發洩在妹妹身上，父母則選擇袖手旁觀，也就是打算將一人當成犧牲羊來維持家庭和平。我相信，應該不只寶英小姐的家人會這麼做。

首先，寶英小姐該做的是感知到「只要我忍就好」的危險信號。分明是姊姊口無遮攔，寶英小姐絕對不能在此時抱著「只要我忍耐，我的家人就能好過一些」的念頭，而自願成為被犧牲的那個，因為這對任何人來說都不是好選項，日後也很可能會演變成更大的失和。

寶英小姐得向姊姊明確表達自己的立場才行。「不要對我說那種話，我希望你可以幫我加油打氣。」在這段過程中，就算眼淚潰堤或整個人崩潰也無所謂。

「我現在不能軟弱。」

不，就是要先軟弱才有機會變強大。

「我不能讓人看見崩潰的模樣。」

不，就是要先崩潰，才有機會重新堆砌。最重要的是，一旦我示弱，旁人自然會來提供協助，倒不如大哭一場再重來。

在這樣的過程中，就算和姊姊爭吵或失和，也要小心不能產生「都是因為我，害得這個家分崩離析」的罪惡感。和寶英小姐一樣善良的人，往往很容易陷入這種自責當中，但其實率先丟出失和種子的人是姊姊，比起感到罪惡，應該要想「我現在只是在經歷必要的家人衝突」更為適宜。

然而，此時也要千萬小心，不能為了贏過姊姊，而把所有該說與不該說的話統統脫口而出，否則連那後續的風暴都得由寶英小姐來承擔，會更加辛苦。只要將焦點擺在如何從姊姊的言語暴力中守護自己的尊嚴，那麼，說出口的話就會變得理性精緻。

為了貶低他人，會需要脫口而出一些人身攻擊的言語，
但是為了保護自己，只需要一些阻擋惡意的言語。

只要自行檢視說出口的話，目的是什麼，對於調節說話的力道就會有所幫助。

吵架並不全然不好

我一直都不認為吵架是壞事。儘管攻擊別人的吵架是不對的，但是為了保護自己而與對方爭吵並沒有錯。若是因為不想起衝突而一直迴避忍耐，那就等於沒有提供對方自我反省、拿捏分際的機會，從這一點來看，自己也等同於是共犯，在放任對方繼續當個加害者。假如是自己的家人，儘管有必須經歷的爭吵，也要給對方反省的機會才對，畢竟家人就是不論吵得多麼不可開交，也不會憤而離開，永遠都在我們身旁。

最重要的是，有些話想要對那些像寶英小姐一樣較為善良弱勢的人說，那便是佛教的教理「不受第二支箭的苦」，也就是不要用「我很胖，患者可能會不喜歡，所以還是來減肥好了」這種方式，拿著對方射來的箭，二次攻擊自己。

雖然第一支箭是對方射的，但第二支箭卻是自己射向自己的。

像這種時候就要對內在的自己說：「那只是姊姊的想法而已，並非我的想法。」然後認真告訴自己：「你比誰都還要棒，絕對能成為一位優秀的護士。」這樣才會讓第一支箭沒有辦法發揮作用，當場斷裂。

唯一擔心的是，目前寶英小姐家中發生的一連串矛盾，是要等姊姊真正滿意自己的人生之後，才有辦法完全解決的，否則隨時都有可能反覆發生。等寶英小姐的內心舒坦之後，希望能安排一段向父母尋求「諒解」的時間。

仔細查看家人之間的衝突，除了當事者外，許多時候是家人的立場至關重要，身為父母，不該對已經遭受石子攻擊、正在忍耐疼痛的寶英小姐說：「那是因為姊姊找工作壓力大，比較敏感，左耳進右耳出就好。」

假如真要說這句話，也只能由寶英小姐來說，因為被言語砍傷留下的傷痕並不容易復原。你聽見了那句話，內在的自己也正在流下鮮血，為了預防這種事，建議至少還是安排一段時間，正式向父母提出保持立場中立的請求。「我需要一些時間去修復遭受姊姊言語攻擊所產生的傷，因此，請不要叫我屈服於姊姊，我會自行決定時間點。」要把這種話先說在前頭，寶英小姐才不會被捲入「二次衝突」。

這種情形通常都是扔石子的那一方早已藉此緩解了情緒，等自己的心情舒服一些之後，才有意無意地用「和好的姿態」來試探寶英小姐，也就是連和解都十分自私，以自身情緒稍緩後的時間點為標準。然而，被石子砸到、不停掙扎的人，傷口仍未癒合，道歉分明是受傷的人想得到時，才有其意義……

然而，韓國人通常會在一旁說什麼呢？「你氣好久喔。」「趕快和好吧。」「姊姊只不過是說了那種話，你就上心了喔？」「這樣最好有辦法適應社會生活。」諸如此類的二次傷害。明明我才是受害者，卻在不知不覺間成了小氣的加害者。為了不讓自己置身在這種情況中，向家人傳遞充分的訊息，也是寶英小姐該做的事情。

為什麼想要在家裡舒服地讀書

我相信，絕對不只寶英小姐在為家人間的衝突所苦。近來，因就業問題或經濟理由，到婚前都與父母同住的情況多不勝數，起衝突的頻率似乎也有變多的趨勢，因此，我想試著為各位提供一些較為現實的對策。

此處的現實對策正是指金錢。我知道，把「家人和金錢」並列，一定會讓人感到有些陌生、尷尬，但這確實是如今要認真思考的題目。

假如是已經找到工作，每個月會固定給家人一些生活費，或者偶爾幫忙叫外送餐點的話就另當別論，但如果是求職者或者正在為夢想而努力讀書中的人，一定多少都得看父母的臉色。我變得敏感，父母也敏感，所以這些話、那些話都會你來我往。然而，為什麼我立志要讀書，卻還是得看家人臉色呢？當然會有各種理由，而在準備中的那項計畫裡，最重要的可能是要摒除掉「體貼家人」這一項。

我曾受朋友委託，和三十世代出頭的尚禹先生談談。他表示自己自從邁入三十歲以後，就開始變得焦慮不安。他認為與其留戀不知何時會被裁員的公司，不如讀個研究所，學術有專攻；沒想到父親聽了勃然大怒。

「你進公司上班根本不到兩年，讀什麼書！什麼時候才打算成家立業？到底這個家要支援你到什麼時候？」

他原本期待得到家人的支持，沒想到父親竟如此大發雷霆，所以有些驚訝。明明很多公司同梯的同事都是接受家裡的支援讀書，他只是想靠自己的力量讀書，卻引來一頓責罵，不免讓他感到失落。

Home與House的心理差異

聽著他的故事，我以一個曾經走過這條路的過來人立場，依然有許多話想對他說。首先，我想先來說說關於家的概念。

各位，家是一定要讓人舒服的地方，哪怕只有多一度，也有義務要比外面溫暖。我稱之為家的好處（advantage）。沒錯，儘管在外頭不受人尊重、聽了一堆刺耳的難聽話，只要跨進家門口的門檻，就要能感受到「這裡才是屬於我的世界」這種感覺才行。

尤其像尚禹先生一樣，原本持有名片的人，突然決定要放下一切成為準考生，外界的冷風可是不容忽視的凜冽刺骨。為我煮飯的母親、為了讓我專心讀書而將電視音量調小聲的父親及兄弟姊妹，這些統統都屬於家的好處。假如沒有這些好處，待在家裡反而如坐針氈的話，那就不是家而是房子，任誰都能進去的、家以外的空間。

➤ 家的好處 ○ ＝ 家（home）

➤家的好處 × ＝ 外（outside）

說到這裡，可能很容易誤以為「果然我是需要在家備受尊重的一員」；然而一個家的安穩，是居住其中每一位成員的責任；換言之，並不會因為你是準考生就理當被體諒，尚禹先生也同樣需要為家的溫度一同努力。

具體來說究竟需要哪些努力呢？首先，要先能讀懂父親的真實心聲：究竟為何不能為下定決心讀書的兒子加油打氣，反而提出成家立業的事，還憤怒地質問兒子到底要支援他到什麼時候。父親現在其實是在向兒子抱怨自身的「不安全感」。看來尚禹先生在父親心中可能還是很可靠的，才會吐露這種心聲。尚宇先生應該要在父親抱怨前就先察覺到他的心思，並提供適合的「建議」才對。這不單是尚禹先生的情況，而是每一位子女都適用的提醒。

也許是因為收到許多學生或追蹤者的諮詢留言、電子郵件，光看投稿者的年齡就能看出很多事。尚宇先生約莫三十出頭，父親應該年約五十五歲左右，也就是已經退休或者有事情需要煩惱的年齡。

我相信，平凡家庭希望子女扮演的角色，應該是在工作岌岌可危的情況下，兒子能夠至少養得起自己；然而，許多人都會忽略掉這一點。不過站在子女的立場，對這方面較為遲鈍也是可理解的事情，畢竟打從一出生，父親的金援和房子對孩子來說都是天經地義，從來就不曾對此抱有問題意識。

然而，如今的現實是什麼？那就是該具備問題意識的時機。即便公司沒有裁員，父親也知道自己年屆退休，而當尚禹先生向父親表示自己要離職讀書時，聽在父親耳中自然會變成「身為家長的角色又要無限期延長了」。

不讓我的決定成為家人的負擔

先前提到關於家的好處，這也同樣適用於分擔責任上。當家人中有一人無法承擔自己的現實，那麼，其他家人就得要共同分擔他的現實。

尚禹先生順利考上專業研究所以後，是誰得利？自然是尚宇先生本人，要先對此有明確認知才行。唯有十多歲的年紀才可以一邊接受父母的關照、一邊埋首苦讀，從大學畢業那天起，自己的現實就該由自己來負責。

雖然尚禹先生說，「其他同梯的同事都是接受家裡的支援讀書，我要用自己掙的錢來讀。」但從這句話中可以感受到他對同事的羨慕，以及對於需要靠自己努力向前的不滿。這種情緒就是來自沒有「為了自己好而跳入學海」的決心，所以要先從這點開始、重新抓好重心才行。

如果「讀書是為了自己的人生而讀」是我們最必備的心態，體現它的改變策略便是預備好「我的讀書種子基金」。

不分晝夜、日以繼夜地工作，還是難以從貧困中脫逃，我們稱之為窮忙（Working Poor）；如果有人是等長大成人後才全心全意投入讀書，我就會奉勸他最好要先針對窮讀（Study Poor）做好心理準備。在此，我將為各位準備轉變策略。

我也是工作兩年之後，才為了教師聘用考試而轉當全職考生，當時我以三十萬韓元生活費作為讀書的種子基金，先預備好了才向公司遞辭呈。

➤每月三十萬元×（　）年＝讀書種子基金

一開始還擔心過能否靠著這點錢撐下去，但都說人類是會適應的動物了，我很快就安排好預算三十萬韓元的生活。儘管看起來只有一筆小錢，但在負擔屬於我的現實這點上，可絕對不是少少的費用；這足以分擔我和父母的心理負擔程度，所以這樣看的話，其實也算是一筆大錢。

教材費、餐費、手機費等，所有費用對於準考生來說都是頗大的負擔，這時，有準備好預備金的人可以放心添購教材，毫無準備的人則容易對父母有所抱怨，或者動起打工賺錢的念頭。因此，為了不落得「窮讀」，事先準備好資金再投入全職考生生活，會是提升讀書適應度的祕訣。

假如我是尚禹先生，從一開始公開讀書計畫時，應該就會這樣表示：

「讀書期間，我的生活費和研究所註冊費會自行負擔，只要讓我在家裡吃飯睡覺就好。」

「接下來兩年就麻煩你們了，先欠著這份人情，對於準考生來說，吃飯是很重要的事，所以請讓我在家裡搭伙吧。兩年後，無論如何我一定會搬出去自己生活的。」

像這樣傳遞出父母可預想的畫面，我相信尚禹先生的父親反應一定將有所不同。天下父母心，都會因為無法為小孩付出而有所遺憾，但是假如孩子在公司待得不是太安穩，又說想回去讀書，儘管說了一些難聽話、對孩子生氣，心裡也一定比誰都還要難受。光是能體諒父母這一點，相信問題一定可以比較容易解決。

雖然不清楚源自哪裡，但不是都說FAMILY=Father and Mother I Love You嗎？聽起來的確是很美麗又好聽，可是現實呢？不覺得好像有些落差嗎？我的家人在為錢所苦，而我在煩惱就業問題，父親則是為了退休搞得沒有一天內心平靜。

假如這是我們家的現況，與其抱怨「為什麼我們家都沒有愛，這哪是一家人」，倒不如試著重新解讀 FAMILY，將 Father 改成 Friendly（友誼），Mother 改成 Meal（餐點），也就是不再固守「我愛爸媽」這種單一的家庭形象，以共享友誼和餐點的關係，來降低對家人的期待，將家人重新定義為共享友誼的關係，而非無條件的愛。誰說家人就一定只能相愛呢？又不是什麼家庭活動廣告看板。

家人之間一定會有吵架的時候，但至少會問對方「吃飯了嗎？」的關係，在我看來，這種友誼才是各自展開戰鬥生活的現代人所需要的家人。

請把所有好的都給自己，

假如從家人那裡得不到，

至少要自己提供給自己。

我將此專案計畫取名為，

「自性客體」（Self Object）。

6

我守護自我的方法

| 自性客體與後設認知 |

假如家裡不提供，就請當自己的母親

跳蚤是世界上最小的昆蟲，來自跳蚤的諺語也多不勝數，「再會跳還是跳蚤」、「跳蚤的肝都要掏出來吃」[5]等，畢竟身長頂多只有兩公釐，是多麼小的存在啊！然而，如此渺小的昆蟲，跳躍力卻十分驚人，足足可以跳一公尺高；各位可以跳多高呢？我大約只能跳三十公分高，但是體型只有斷掉鉛筆芯那麼小的跳蚤，竟能跳起一公尺。

然而，有個方法可以讓跳躍力超強的跳蚤只能跳起十公分而已。難道是拔掉牠的腿？還是用線綁住牠的腳？都不是。答案是將牠困在十公分高的玻璃瓶內，當然，要將蓋子蓋上。一開始，跳蚤一定會為了逃脫而跳躍，牠們其實知道自己可以跳到一公尺高；然而，當牠們撞到瓶蓋時就會縮起來，嘗試數次之後，便會開始往降低自身極限的方向做調整修正。

5 前者類似中文的諺語「跑得了和尚跑不了廟」，形容無論如何逃避某件事物，終究還是逃脫不了。後者比喻極度吝嗇、一毛不拔，從處境艱難的人手裡搶財物。

現在，跳蚤只會跳到即將要撞上瓶蓋的高度。牠其實可以跳到一公尺高的，卻等於失去了不起的潛力。

我們人類也是。假如受困於周遭人士口中的極限，就永遠不會知道自己可以飛多高、可以付出多麼驚人的努力。各位現在是否也變得只會跳到別人放下的瓶蓋高度呢？

受困在現實的「瓶子」裡

我之所以會提到跳蚤的故事，是因為一位朋友。她二十多歲，心懷夢想、熱情充沛，在我眼裡就像顆珍珠般美麗動人。

初次認識這位朋友，是因為某天收到的一封煩惱諮詢電郵，信中的她竟然自稱「跳蚤」，我驚訝又好奇，於是點開了郵件，才發現原來實際上她的家人就是這麼稱呼她的。由於我對於這個別稱不甚滿意，決定喊她「珍珠」，從此以後，這位朋友的名字便成了堅硬又玲瓏的珍珠小姐。

珍珠小姐在自我介紹中透露，她的大學總共讀了六年才畢業，明明家境不差，卻沒有獲得大學註冊費的支援，只因為她是女兒。不得已，她只好選擇讀一年、休學一年，最後一學年是用過去賺的錢繳清註冊費，才把四年制的大學用足足六年讀完。

珍珠小姐上有兩位哥哥，受到的待遇則截然不同，他們家似乎仍以只栽培男丁的老舊思維來對待她。問題在於，她的母親是最反對女兒讀大學的人。「要是真的那麼想讀大學，你就自己賺錢去讀吧。我看你既然那麼我行我素，不如在外面租個房子、搬出去住算了。」

其實過去光是準備註冊費，就已經讓她很辛苦了，不得不住在家中解決衣食住這三件事。畢業後，她就不再需要這麼做了，聽說目前正在找房子，為了第一次「獨立」而憂心忡忡。

我開始能猜想得到，為什麼她的別稱會是「跳蚤」了。低賤微小的存在，看起來似乎是在家中承受煤氣燈效應很長一段時間。

也不曉得是因為過去內心飽受煎熬，還是太想要獲得母親的認可，珍珠小姐現在正在猶豫兩件事：「按照家裡的意思，隨便找一個單位上班、找個人趕快嫁掉」還是「去紐西蘭攻讀設計」。珍珠小姐將這兩張牌握在手裡，寫了一封「請給我力量」的諮詢長文給我。

跳蚤的天賦因為受困於玻璃瓶中而被壓制，在我看來，珍珠小姐的「家人」就是她的玻璃瓶。此處的對策在於「玻璃瓶」而非「跳蚤」：在家接受溫暖與便利、專注投入學業都已經很不容易了，珍珠小姐還完全沒辦法享有這些幫助。

假如讀者朋友中也有人像珍珠小姐一樣，遭受家庭不睦或被強求自己不同意的犧牲，過著痛苦不堪的日子，那麼比起「自己的未來規劃」，我會希望各位可以暫時先思考關於「自己的空間」。

有時，「空間」會比自己更加重要

所幸珍珠小姐已經開始在尋找住處了，希望各位也能至少從這件事情開始實行。我們需要一個空間可以讓自己不再受到「惡言」攻擊，保護自己；即便在大學附近找間小套房都好——請盡快搬出去吧！各位知道主場優勢吧？脫掉鞋子走進去的家，一定要比在外溫暖至少一度才行，這點真的非常重要。

這不只是我個人的想法。最近在建築學有一門熱門的學問叫做神經建築學（neuroarchitecture），將神經科學（neuroscience）結合建築學（architecture），主要是研究空間會對人類的大腦與免疫力造成何種影響的一門建築學問。

醫學教授約納斯・沙克（Jonas Salk）曾赴義大利的某座城市度過他的安息年，在那裡享受著豔陽與水彩般的風景，不禁感到內心逐漸變得溫柔，畢竟不是處在每天被各項研究追趕的研究室裡，會有這種感受也很自然。據說他就是因為待在視野遼闊、內心舒適的環境裡，某天突然想出「疫苗的好點子」，才得以留下重要的研究業績。而這門神經建築學學問也就是在此誕生。

家其實嚴格來說也是一個建築物，家裡居住的人一來一往的「言語」是陽光，對待我的溫度則是美麗風景。然而，現在珍珠小姐的家呢？她的母親成了玻璃瓶的瓶蓋，老是限制著女兒的成長與發展，可以的話，應當盡可能從玻璃瓶裡逃脫出來才行。

在現在這樣的環境裡，珍珠小姐不僅不會幸福，還幾乎不可能活出完整的人生。既然是靠自己的力量準備註冊費，就表示對自我人生有十足的熱情、不肯放棄，因此我才擔心她會像跳蚤一樣，放棄自己的才能，把人生縮限至玻璃蓋的高度。所幸她的家人看起來並不反對女兒搬出去自力更生，至少她的母親還願意為女兒放手，光這一點就足以偷笑了。

自己成為自己的母親，自性客體

既然如此，就連搬出去住的期間也來設定一下好了。說不定她的壓抑是從更久以前開始的，但要是連這些都考量進去就會變得太複雜，所以只要將珍珠小姐為了大學入學問題、與家人對抗這段期間帶入即可；印象中是六年吧，接下來至少要讓自己獨立六年，彌補自己一些好的能量才行。

假如沒辦法從家人那裡得到，

至少自己要給自己好的能量才行。

我稱這項計畫為自性客體（Self object）。

自性客體原本是用來展現滿足小孩各種牢騷與需求的母親所使用的心理學用語，但這裡可以不必是指生養自己的母親。我希望珍珠小姐在屬於自己的空間裡當自己的母親，不看任何人臉色；問自己需要什麼，拍拍自己、安慰自己，先從這件事情做起，再決定將來出路也不遲。

與此同時，也請撫慰「想要得到母親認可的」自己，就算沒有善待自己，對方仍是彌足珍貴的母親。討厭母親對自己也是種折磨，卻也不該按照母親的意思隨意找份工作、趕快找個人嫁掉，這可是對自己和母親都不該做的事情。畢竟自己從中感受不到幸福。

弔詭的是，只要自己不幸福，母親也不會幸福。我相信兩人只是幸福的「方向」不同而已。珍珠小姐的母親內心一隅一定是渴望女兒幸福的，只是對於母親來說，女兒找個好男人、備受呵護地過一生，就是所謂的幸福。因此，請果斷丟棄這張牌吧，我希望你至少可以做到這一點。

況且，這是之後才會發生的事情，事先準備好也沒什麼不好。珍珠小姐並非因為得不到父母的物理支援而感到難過，是因為缺乏聽見發自真心的好話，才生出失落的心情。要先區分這一點，珍珠小姐在面對母親時，才會往正確的方向、如實傳達自身情感。

雖然屆時母親應該已經比先前衰老許多，想必還是會用相同口吻來對待女兒；可是這時的珍珠小姐呢？絕對是比以前堅強也比較成熟的人。即便母親仍維持相同的態度，故事也很可能不同，因為自己已經變得更堅強了，可以擁抱比以前更嬌小的母親。

為此，珍珠小姐最好要安排一段可以向母親誠實吐露委屈的時間。為了避免讓自己到時候說到離題，現在最好先明確知道，自己到底為何感覺委屈。

炫耀通貨膨脹與交情橡皮擦

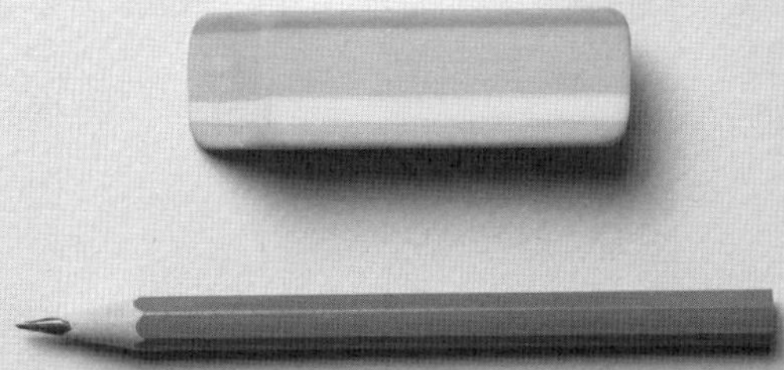

我將合格證書傳上Instagram社群平台上。不久開始有人留言。

「天啊，恭喜！什麼時候開始準備的？」

「真是的，你什麼都擁有了，這世界都給你一個人活就好了啊。」

「都給你拿去好了，記得請客，來約！」

「什麼鬼。」

在接二連三的道賀留言底下，突如其來一句吞噬內心的留言。又不是在切蘿蔔，友人L留下的「什麼鬼」後面直接省略；為什麼話只說到一半，使人心裡很不是滋味。

有好事發生時，自然會想要收到祝賀。當你經過長時間努力、順利進入理想公司，或者好不容易拿到想要的合格證書時，是怎樣的心情呢？是不是開心到想要奮力跳躍，讓頭頂可以撞到天空的程度？我當時就是因為太開心了，才將合格證書發布到 Instagram 上。

於是每零點一秒就會有人留言，大家的反應十分熱烈，每當看見認識的人在底下留言祝賀，我都會想「原來真的會替我感到開心，應該都有看見我的努力與付出」。正當我心懷感激時，「什麼鬼」這句留言映入眼簾。明明在看見這句話之前，我還是個幸福的人，但自那一瞬間起，便成了全宇宙最不幸的人。

而且還是我完全沒料到的朋友。明明如果是她，應該會恭喜我才對，沒想到比我厲害的這個人竟會在公開的平台上留下「什麼鬼」三個字。我思緒紊亂，自那時起，便對於友人L的近況感到有些好奇。

嘿，各位也有過這種類似的經驗嗎？當你默默努力減肥，好不容易達到理想體態，然後拍了體態記錄的運動形象照，發布在社群平台上；或者做了微整形調整臉蛋，抑或是順利進入理想的公司工作、取得資格等，都一定會經歷一次困境，那便是與友人間的情感衝突。

在「什麼鬼」這三個字裡隱藏著一點點嫉妒心、剝奪感、不安全感、不幸感等等，各式各樣的情感交錯縱橫，合在一起的話就是「我對於你的成就感到不悅」。儘管友人L已經擁有很多，朋友取得的合格證書依然是她手中沒有的寶石，因此才會用那三個字來表達心境上的不適。假如這個人的心智更為成熟，可能就只會暗自難過而已，她卻公然留下這種話，等於將自己放上了公審臺。

那個人正在觀看第九次炫耀

如今已是炫耀氾濫的通貨膨脹時代；什麼是通貨膨脹？現金價值下跌、

物價持續膨脹的經濟現象，對吧？但是近來我看大家都會在這個單字前面加上「裝逼」或「炫耀」一起使用。假如裝逼通貨膨脹，是以讓他人羨慕為目的的奢侈消費行為，那麼炫耀通貨膨脹則是主要目的相同、卻在向他人展示自身成果或成就的行為。不論是成功瘦身十公斤的模樣，還是上傳自己取得的合格證書，都屬於炫耀通貨膨脹之一。

從促使他人消費自己想要呈現的形象這點來看，裝逼或炫耀其實都一樣。總是與裝逼一組的撒錢行徑，是任誰只要下定決心都能做到的事情，所以可以使觀看者毫不猶豫地按「♥」；反觀合格證書就不一樣了，畢竟是不能靠錢買來的，也不是只要自己下定決心就能擁有的。

都說現在是炫耀氾濫的時代了，登入 Instagram 的瞬間，我們不分你我，都會暴露在炫耀的事物裡，各位的追蹤者等於是在遭受第九次炫耀。我的炫耀只有對自己來說是第一次，對於其他觀看者來說可是第九次——也許更多次也不一定。光是知道這點，處理起來就變得非常容易。

在人際關係裡也需要後設認知

按照各自立場、針對同一事件做出不同解釋的現象，我們稱之羅生門效應（Rashomon Effect），據說此用語是來自日本電影《羅生門》。

透過日以繼夜的努力達成想要的目的，不論如何都是我的立場和我的解讀，也就是僅止於一人份的想法。假如聽聞此消息的人有十個，那就會出現十種觀點和解釋；同理，五十個人就會有五十種觀點與解釋。

就算忘記其他方法，這一點也一定要記住：用心裡的橡皮擦擦去「情分的距離」，只保持在「認識的人」的程度就好。

- 我的好姊妹李多慎→只是認識的人
- 專屬於我的那些人→只是認識的人

我們從「什麼鬼」那句留言也能知道，炫耀時，交情深淺是沒有意義的，反而更多時候會變成毒，因為表示只要和我交情愈好，感情也愈深的意思。受我個人成就而得到的情緒影響，自然會依交情深淺來決定，所以才要體諒。當然，一定還是會有儘管做了各種體諒也還是引發其自卑感的人，這種人就是你需要放手的緣分，哪怕日後重逢也好，現在放手對彼此都是好事。

為了盡可能降低不合的機率，保持距離就變得至關重要。倘若不再將對方視為「我的好姊妹」、「我的好朋友」，而是簡單知道長相和姓名的人，就能調整因他們的反應而產生情緒波動的次數。

用內心的橡皮擦擦去交情之前，各位一定會有這樣的念頭：「明明是我的好朋友，為什麼不為我開心？她不祝賀我，難道只有我把她當成朋友嗎？」

像這種失望的心情，也只要用內心橡皮擦擦去彼此交情，將對方視為純粹認識的人就好，那麼你看待對方的態度也會變成：「看來是需要一些時間穩定心情。是啊，你是我的朋友，但也是自己的主人。還是先不要理他好了，專心過我自己的人生就好。」像這樣重新做好心態上的調整。

這便是保持距離的效果。

除此之外，我還有一點想要問各位：為什麼會想要得到少數幾個人的、別具意義的祝賀與支持？明明有更多人為我的努力與決心送上真心祝福的。

所謂擦去「交情的距離」，並不是要你和既有的自己人刻意疏離，而是要給這些人有心理準備的時間，並且讓那些為我的努力與決心加油打氣的其他人，也予以更廣泛的關心。說不定也能藉此發現新朋友，使關係變得更加和睦。

過去我在影片中也有提過，呼籲大家不要在人脈累積上費太多力。二十世代的時候，最重要的是透過各種經驗來了解自己，比方適不適合做體力活、適不適合靠頭腦工作、把錢花在什麼地方上最有意義等。對自我的知識，也就是後設認知，在與人建立關係時也非常重要。

假如直到昨天都還是以尋找「我的人」、「靈魂好友」的方式建立人際關係，接下來不妨試著以後設認知的觀點來回首自我。「經過這次的事情發現，原來我和冷靜淡定的人比較適合」、「看來他只希望我發展順遂到不會讓他心理不舒服的程度」、「原來他會為我發生好事而感到開心」像這樣在人際關係當中重新洞察自己，就是所謂的後設認知。當你可以做到的時候，不論發生任何事，至少都不再會為人際關係而踉蹌跌跤。

「厭惡」這堂課讓我有了更多領悟

厭惡。人生在世，有時候會遇見沒來由地被人討厭的情形，站在被討厭的一方，是極其無奈又無力的事情。

有些人際關係，就算努力也沒有意義

我也有過這樣的經驗。當時還在公司上班，一名主管直接公然表現出討厭我的樣子；各位應該知道那種被人無視的感覺吧？這往往只有當事人才會有所感，但那位主管是當著所有人的面用盡全力地冷落我。當時的我還是初入社會的新鮮人，也從未被人沒來由地討厭過，所以使我非常在意。

「我做錯了什麼？」「難道有哪裡沒做好嗎？」「還是我的表情、口吻有什麼問題？」為了找出原因做了非常多努力。直到某天，我和該名主管為了準備一同外出洽公，在補妝打扮，結果她對我說：「你隔壁的新人漂亮到客戶都願意和她簽約，一份接著一份簽。多志啊，我看你應該要減個肥，穿個迷你裙才對吧？」這段發言著實令人震驚，根本難以忽視。

儘管如此，畢竟對方是主管，所以我還是有努力回應。但在某個瞬間，我的內心傳來這樣的心聲：

「可以了，再努力也沒有用，她是鐵了心要討厭你。」

因為我發現，努力用熱臉去貼主管冷屁股的自己，看起來很像弱者，也就是被小看的人，反而真的成了被人瞧不起的樣子。從那時起，我決定改變策略。

我收起笑容，保持禮貌，盡可能不帶任何情緒地去面對她。不論這位主管說什麼，我都用簡短的方式回答：「好的，沒問題。」「我會在幾點前把電子郵件寄出。」當她針對我的態度或穿著打扮做出越線的攻擊時，我乾脆不做任何回應。

她肯定是想要看到我情緒失控，或者對這份工作有所動搖，我不想連這點都讓她得逞，更何況還是在公司這個公領域裡。

「假如我現在感情用事，就只是在討好她一個人而已。如果我可以理性處理，就等於撇除掉她，選擇了公司其餘同事，當個穩重可靠的人。」我是這麼想的，才會選擇以單調的反應與禮貌來面對這位主管。

與此同時，我也告訴自己，「不管你討厭我還是無視我都無所謂，我依然是無比珍貴的存在，而我對你毫無興趣。」將自己與她區分開來。爾後，我為了準備教師任用考試而離職，自然也與這個主管漸行漸遠，並帶著滿腔熱血走自己的人生道路。

原來不是討厭我，而是討厭她自己

都說玫瑰和刺是一組了，隨著我愈來愈有知名度，惡意留言也伴隨而來。

我原以為這種名氣是大明星或政治人物才享有的，結果發現也不一定是如此。

雖然現在就算看到惡意留言也不太會受傷了，但是在草創時期的確還是滿在意的。我曾耗時多年，向這些網友提出告訴，當時一名網友有向我表示希望可以原諒她，而透過檢察官聽到的名字，著實令我驚訝不已。

沒錯，就是十年前那位折磨我的主管。瞬間，我不禁同情起她來，覺得她也滿可憐的，心想：「這人為什麼要對李多志的人生生氣十年之久呢？」

各位知道嗎？當我們討厭某個人，我們的無意識與意識，都會將那個人看作是非常重要的對象；各位真的想要將自己討厭的人放在心裡這麼重要的位子上嗎？這位主管也是，明明對我來說就是毫無意義的他人，為何偏要來我的影片底下寫那些惡意留言呢？而且還老是把我放上她的人生核心軌道。

一定有人會因為討厭你而想要施以報復。這時，千萬不能捲入其中、與對方硬碰硬，這樣就輸了。大文豪歌德曾說：「最暴力的憎惡，永遠都會在文化程度較低的地方看見。」究竟是多低的程度呢？

那些沒來由討厭別人的人，都有著一個共同點：不滿意自己的人生，卻不靠努力改善，而是將其他人拉低到自己的程度，選擇維持「衡平性」。這是他們生活的世界與文化程度所偏好的生活方式，所以程度較高的你，有必要拉低自己、去配合這些人嗎？

我知道，被人討厭很痛苦，討厭也不會僅止於討厭，而是會縮減我們的行動半徑，也會使心跳加速。但是呢，其實比起被討厭，討厭人的那一方反而加倍地痛苦。赫曼·赫塞曾針對討厭的哲學說：

「如果你討厭某人，那就表示，那人令你討厭的特質也出現在你身上。」

假設對方特別討厭我某個點好了，為什麼偏偏會是那個部分呢？我的缺點一定多不勝數，他卻只看得到這項缺點；會不會是透過我，看見了討厭的自身特質呢？赫曼·赫塞就是看破了這點。所以就結果論，她並不是討厭我，而是透過我討厭自身的內在缺點。當我看透這番道理以後，終於得以安心入眠。

我們要先愛自己，才有辦法愛別人。這句話說來簡單，真要實踐卻很困難。假如連不甚滿意的自己都能夠用愛包容，那麼，那位主管應該就不至於花力氣討厭我長達十年，著實令人惋惜啊。

情感就是態度

我由衷希望各位可以成為心懷感恩、而非心懷厭惡之人，因為總是帶著感謝的心過生活的人，身後都會發出房子大小的光芒——是不是很驚訝呢？竟然是一棟房子的大小！但這是千真萬確的事實。

身後有光的人

那道光何時才會發亮呢？初入社會時，哪位職員心懷怨恨、哪位職員心懷感謝，任誰都不會知曉，但是等工作一、兩年後，隨著去留的決定逐漸清晰，大概多少都能猜得到。

此外，就算這個年資的同事多麼聰明，公司也不會期待他們能創造出令人刮目相看的成績。從主管的角度，就只是在觀察帶在身邊工作時，跟自己合不合得來而已。

這裡所說的評估，正來自於這位部屬是否身後有光；用日常說話方式表達，就是「誠實的人」。各位可能會納悶，身後發光的人，與誠實的人究竟有什麼關聯？但這兩種其實是同樣的人。

身後發光的人＝誠實的人＝想一起共事的人

各位可以用這套公式去理解。在日常生活中，只要沒有見到超級大明星，我們就很少有機會親自對著某個人說：「你的身後有光。」但我們會說：「和那個人相處起來很舒服。」或者碰上事情的時候，就會說：「我聯絡那個人看看。」在此，「那個人」就是誠實的人，也是身後有光的人。

「呿，好無聊。誰不曉得誠實的重要性？」

假如你這麼想，那我必須說，這裡所指的誠實並非單純認真工作而已。在社會上的誠實，指的是清楚知道自己的定位與價值，並且不斷探究「在這之中的自己」的那種人。換言之，文化程度高的人，就是社會想要的誠實之人。

這樣看來，心懷厭惡之人是生活在文化程度低的地方，心懷感恩之人則是生活在文化程度高的地方。同樣的，從高級別的人身上可以發現一個共同點，那便是都有著流暢表達感謝與抱歉的能力。隨著社會生活超過十年，我的眼裡也開始逐漸可以看見這項驚人的競爭力。

柿子樹在落地生根後，會花很長一段時間壯大樹幹、生長樹枝，等樹枝長好才會在上面結出柿子。這些果實就是感謝的態度，光憑這點，就能窺知這人過去一直都是在哪種環境下長大。就如同柿子會帶有柿子樹的所有屬性一樣，表達感謝的態度也同樣帶有那人的品性。要能看出這一點也花了我十年時間。看來能否分辨好人，也是需要具備相當程度的歷練才行。

絕對不微小的感恩的力量

各位，容易心懷感恩且懂得表達，是共感能力傑出的證明。共感能力優秀的人，也意味著容易捕捉他人拋出的內心線索，將其連結至成果。我們經常說的「大發」從何而來？從人與人之間的內心交集產生。因此，怎麼可能有公司會不要這種人才。

接下來，我們來探討擅長表達感謝的能力。不多不少、適度表達感謝，是沒有兩把刷子的人絕對辦不到的事情，尤其對於不擅表達情感的韓國人來說，更是難尋的罕見能力。實際上，觀看那些擅長表達內心感受的人，不免會有這種想法：

「看來是從小生長在不錯的環境裡，有得到足夠的愛。」

「竟然能表達得如此巧妙，看來是平常有許多機會可以表達謝謝、感謝。」我是這樣子的。各位周遭假如也有這種人，便會忍不住多看他一眼，不小心擦肩而過也會想要回頭再看看，一定會對那個人改觀。既然能使一個人看起來徹底變得不同，那會是什麼？身後有光。希望這種能使人看起來截然不同的態度，也能成為屬於各位的態度，而在意想不到的時刻，一定會有人主動向你伸出援手。

自己嘲笑自己的情感，冷笑癖

各位認為，與「感謝」相反的情感形容是什麼呢？在先前的文字中有提到厭惡，所以難道就是厭惡嗎？也許吧。但最近我對於一種情感非常關注，個人認為這才是與感謝相反的情感，那就是「冷笑」。什麼是冷笑呢？就是冰冷的嘲笑。雙手抱在胸前，嘲笑那個下定決心要成功而每天孤軍奮鬥的自己，這種情感便是冷笑。它不像不安全感一樣使內心產生動搖，也不像憤怒一樣炙熱，所以不會立刻讓肌膚有所感受，就只會逐漸使自己變得冰冷而已。各位切記，千萬不能讓冷笑昂首闊步、占據內心。

「人生是靠一戰成名，還是來挖礦好了。」

「大概過日子就好了，何必努力。」

「喂，工作做愈多，公司難道會多付你薪水嗎？你只是被當傻子罷了。」

「錢都拿去炒房地產了，現在反而說我們沒有熱情。」

這些都屬於充滿冷笑的言語。當一個人很習慣說這種話時，就可以稱作「冷笑癖」。這並非我自行發明的單字，而是實際登載在韓文國語辭典裡的單字，意思是「一種用冰冷的態度嘲笑的習慣」。當這樣的習慣在我們的內心裡扎根、變成「性格」，就會變得不再相信自己與他人，也不會再開出任何花朵。為了不要落到這種地步，我們要隨時注意才行。

假如冷笑的影子快要出現，就要緊急召喚溫暖看待自己的視線出來才行。這是將冰冷的視線融化成溫暖視線、提高自身內在恢復力的策略。想做到這件事，平時就需要多練習溫暖地看待自己。像這種時候，沒有什麼比感謝日記還要好的了。

每天試著將值得感謝的事情記錄下來，然後稱讚自己：「我是擁有這些的珍貴之人」。每天這麼做，就會讓溫暖視線變成看待自己的「代表視線」，也會變得可以隨時召喚。我也為各位做了準備，以下是李多志的感謝日記。

取出自己喜歡的東西，拆禮物日

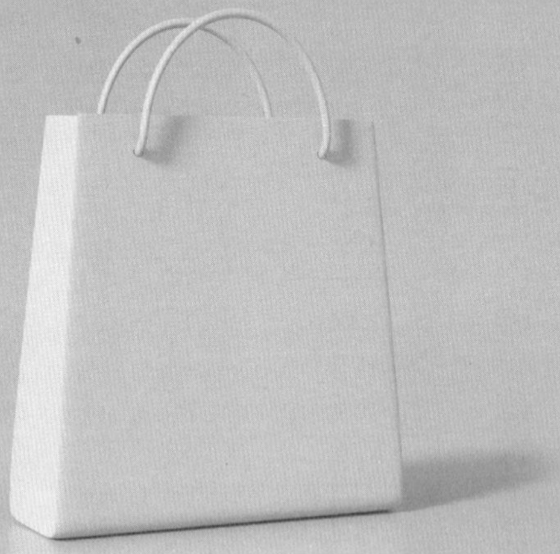

接下來將為各位介紹李多志牌的感謝日記。這沒什麼了不起，就只是把感謝的事情寫在裡面而已。感謝日記可以寫在既有的日記本裡，抑或是另外準備一本。

左邊嘗試將「今日的感謝事項」寫下來，右邊則填寫「對自己的明日所期待的事項」。

不要為了隔天沒有實踐「添購身體沐浴用品」和「去書店買書」而過意不去，因為除了這兩件事以外其餘都有達成，只要把消化完的行程寫在隔天「今日的感謝事項」，然後重新寫下「對自己的明日所期待的事項」即可。

這時所寫的內容，就算很尋常也沒關係，每天只有住處、公司、住處、公司，兩點一線移動也沒關係，在那之中一定藏有珍珠。發覺珍珠的妙趣、感受這份妙趣，才是感謝日記的意義所在。

今日的感謝事項

- 雖然很累但沒有休息，堅持去運動
- 沒有把東西遺忘在車上
- 完成今天的行程

對自己的明日所期待的事項

- 添購身體沐浴用品
- 去吃吃看住家對面新開的小吃店
- 去書店買書
- 至少走路十分鐘曬曬太陽
- 閱覽小啾啾們傳來的煩惱諮詢

今日的感謝事項

- 去吃吃看住家對面新開的小吃店
- 至少走路十分鐘曬曬太陽
- 閱覽小啾啾們傳來的煩惱諮詢

對自己的明日所期待的事項

瑪雅．安吉羅（Maya Angelou）的故事

我們看美國的二十五分硬幣會發現，和韓國的五萬韓元紙鈔上印有的申師任堂一樣，有著一名女子，她是瑪雅．安吉羅，美國的詩人暨小說家，也是人權運動者，不僅是黑人，還是女性，生活貧困，再加上有遭受性侵的傷痛，未成年就生下一個兒子，人生簡直就像「不幸的百貨公司」。

某天，她認為自己實在活不下去了，於是到精神科接受諮商。只是當她看見走進診療室的醫生，便馬上離開了診間，因為醫生給她的第一印象是「這人應該不會理解我」。醫生是名白人男子，還是富裕的菁英出身。有句話不是這樣說的嗎，人類只能對自己經歷的程度產生共感。或許比起治療，她更想得到的是共感。

瑪雅．安吉羅沿著路去尋找平時自己追隨的導師，向她傾訴內心話。那時，她的導師告訴她：

「試著把你現在能做的事情寫下來。」

對於某些人來說，這可能只是毫無用處的建議，卻是瑪雅．安吉羅唯一的一絲希望。她立刻回家開始書寫，然後領悟到「原來能使人活下去的並不是多麼了不起的事，而是親自走路、吃飯、書寫」的事實。

這件事成了她開始自行治癒的轉捩點，之後安吉羅透過這項小小的契機找回了人生的動力，最終也成為第一位黑人女性暢銷書作家，寫出了知名的著作《我知道籠中鳥為何歌唱》。

令人印象深刻的一點是，她的作品是將「人生當中的事物」整齊羅列，而非擁有多麼了不起的背景或故事情節。我想要強調，安吉羅就是注意到如此「微小的日常」，因為為了變幸福，真的不需要多麼偉大或了不起的東西。

幸福單字．拆禮物計畫

感謝日記是為了讓自己專注在細微日常所採取的方法。對於要寫感謝日記覺得很棘手嗎？沒什麼好感謝的，每次寫也很麻煩？那麼，寫在一張白紙上也行。只要是各位喜歡的、想嘗試的、想擁有的，統統都可以寫進禮物盒裡。哪怕是非常微不足道的東西也無所謂，寫就對了。這些單字就叫做「幸福單字」。

以下是我李多志的幸福單字，提供給各位參考。

各位的幸福單字是什麼呢？請試著將它們一一寫下。

請觀察自己都寫了哪些字詞。在這當中有付諸行動的嗎？假如有，那便是幸福單字「unboxing」。Unboxing 原本是指拆開禮物包裝的意思，在此使用的 unboxing 則是指嘗試實踐。光想著喜歡的事物有什麼用，要付諸實踐才有意義。

可以是和寵物散步，也可以是試著運動、挑戰一直想嘗試的興趣等，統統都是幸福單字 unboxing。我是在睡飽時、洗熱水澡時、和寵物貓嚕嚕、丁丁相處時、為自己煮飯時最容易倍感幸福。當你實際執行，會發現幸福的標準值並不高，

我 李多志 的幸福單字

露營、寵物、小啾啾們、日記本、料理、偶爾開車、商務座、機場帶來的期待感、好吃的食物、和媽媽的旅行、長洋裝、化妝、YouTube、灌籃高手

因此會更覺得有價值。

我身邊的人經常對我說：「多志啊，你真好，你的幸福都不需要花大錢。」也許是因為除了「工作」以外，其餘部分都比較鬆散不嚴謹的關係，所以幸福的標準值出乎意外地偏低。各位也只要嘗試列出自己的幸福單字，原本如浮雲的幸福，就會變得彷彿稍微觸手可及。

我＿＿＿＿＿＿＿＿在時最幸福。

各位想要在空格裡填入什麼呢？光是找到自己

我＿＿＿＿＿的幸福單字

＿＿＿＿＿＿＿＿＿＿

＿＿＿＿＿＿＿＿＿＿

＿＿＿＿＿＿＿＿＿＿

想填入的事項，這項計畫就算大成功。

各位是如何對待幸福的呢？是充分享受幸福嗎？還是保留幸福呢？我個人是比較傾向於追求前者，盡可能享受今日、當下，因為不斷將幸福向後推遲，也會變成一種習慣。

各位不妨也像我一樣，讓自己一週可以擁有三次左右的拆禮物（執行）日。那麼，就算沒有創下什麼引人矚目的大成績，也會經常看見面露陽光笑容的自己。

我們的臉龐並非只是排列眉毛、眼睛、鼻子、嘴巴的地方，還包含表情。經常感到幸福的人，表情也會變得多元、變得漂亮。表情美麗的人會更具魅力，傳遞正面的能量給其他人。光是取出幸福單字本身，就是能讓你我、我們都能一起歡笑的事情，多美好啊！

國家圖書館出版品預行編目(CIP)資料

不是所有的花都在春天綻放/李多志著；尹嘉玄譯. -- 第一版. -- 臺北市：遠見天下文化出版股份有限公司, 2023.12
面； 公分. -- 心理勵志 BBP481)
譯自：모든 꽃이 봄에 피지는 않는다
ISBN 978-626-355-598-3 (平裝)

1.CST: 成功法 2.CST: 自我實現

177.2 112021830

心理勵志 BBP481

不是所有的花都在春天綻放

모든 꽃이 봄에 피지는 않는다

作者 — 李多志（이다지）
譯者 — 尹嘉玄

總編輯 — 吳佩穎
責任編輯 — 張立雯
封面設計 — Dinner Illustration
內頁排版 — 芯澤有限公司

出版者 — 遠見天下文化出版股份有限公司
創辦人 — 高希均、王力行
遠見・天下文化 事業群榮譽董事長 — 高希均
遠見・天下文化 事業群董事長— 王力行
天下文化社長 — 林天來
國際事務開發部兼版權中心總監 — 潘欣
法律顧問 — 理律法律事務所陳長文律師
著作權顧問 — 魏啟翔律師
社址 — 台北市 104 松江路 93 巷 1 號 2 樓
讀者服務專線 —（02）2662-0012 ｜傳真 —（02）2662-0007；2662-0009
電子郵件信箱 — cwpc@cwgv.com.tw
直接郵撥帳號 — 1326703-6 號 遠見天下文化出版股份有限公司

製版廠 — 中原造像股份有限公司
印刷廠 — 中原造像股份有限公司
裝訂廠 — 中原造像股份有限公司
登記證 — 局版台業字第 2517 號
總經銷 — 大和書報圖書股份有限公司｜電話 — (02)8990-2588
出版日期 — 2023 年 12 月 25 日第一版第 1 次印行

定 價 — NT400 元
ISBN— 978-626-355-598-3
EISBN — 9786263555969（EPUB）；9786263555952（PDF）
書 號 —BBP481
天下文化官網 — bookzone.cwgv.com.tw

天下文化

BELIEVE IN READING